Éditrice : Caty Bérubé

Chef d'équipe production éditoriale : Crystel Jobin-Gagnon

Coordonnatrice à la production : Marjorie Lajoie

Chargée de contenu : Marie-Pier Marceau

Chefs cuisiniers : Benoit Boudreau (chef d'équipe), Éric Dacier, Richard Houde et Patrick Simon.

Rédactrices : Miléna Babin et Raphaële St-Laurent Pelletier.

Rédactrices collaboratrices : Marie-Anne Dayé et Rabéa Kabbaj.

Réviseures : Edmonde Barry, Marie-Christine Bédard, Marilou Cloutier (chef d'équipe rédaction et révision), Sophie Lamontagne et Viviane St-Arnaud.

Assistante à la production : Sarah Beauregard

Chef d'équipe production graphique : Marie-Christine Langlois

Conceptrices graphiques : Sonia Barbeau, Sheila Basque, Annie Gauthier, Marie-Chloé G. Barrette, Karyne Ouellet et Josée Poulin.

Stylistes culinaires : Geneviève Charron, Maude Grimard, Carly Harvey et Christine Morin (chef d'équipe).

Photographes : Mélanie Blais, Jean-Christophe Blanchet (chef d'équipe par intérim), Michaël Fournier et Rémy Germain.

Photographes et vidéastes : Tony Davidson et Francis Gauthier.

Spécialiste en traitement d'images et calibration photo : Yves Vaillancourt

Collaborateurs : Sébastien Audet, Martin Boisvert, Jean-Michel Bouchard, Benoit Daoust, Marie-Michèle Doyon, Marie-Hélène Dubé, Stéphane Lauzier, Mélisa Lesquir, Audrey Martel, Tiffany Martin Dubé, Marie-Ève Martineau, Dustin Roy et Laurie Roy.

Catalogage avant publication de Bibliothèque et Archives nationales du Québec et Bibliothèque et Archives Canada

Titre : Vers l'autosuffisance alimentaire : guide pratique pour petits et grands changements.

Description : Comprend des références bibliographiques.

Identifiants : Canadiana 20200085115 | ISBN 9782896588824

Vedettes-matière : RVM : Jardinage. | RVM : Autosuffisance (Style de vie).

Classification : LCC SB450.97.V47 2020 | CDD 635—dc23

Directeur de la distribution : Marcel Bernatchez
Distribution : Pratico-Pratiques inc. et Messageries ADP.

Impression : TC Interglobe

DÉPÔT LÉGAL : 3e trimestre 2020
Bibliothèque et Archives nationales du Québec
Bibliothèque et Archives Canada
ISBN 9782896588824

Gouvernement du Québec. Programme de crédit d'impôt pour l'édition de livres – Gestion SODEC

© Pratico Édition, 2020.
Pratico Édition, filiale de Les Entreprises Pratico C.B.
(Québec, Québec)

Tous droits réservés. Il est interdit de reproduire, en tout ou en partie, les textes, les illustrations et les photographies de ce livre.

Bien que toutes les précautions aient été prises pour assurer l'exactitude et la véracité des informations contenues dans cette publication, il est entendu que Pratico Édition ne peut être tenue responsable des erreurs issues de leur utilisation.

PRATICO ÉDITION

7710, boulevard Wilfrid-Hamel, Québec (QC) G2G 2J5
Tél. : 418 877-0259
Sans frais : 1 866 882-0091
Téléc. : 418 780-1716
www.pratico-pratiques.com

Commentaires et suggestions : info@pratico-pratiques.com

Vers l'autosuffisance ALIMENTAIRE

Guide pratique pour petits et grands changements

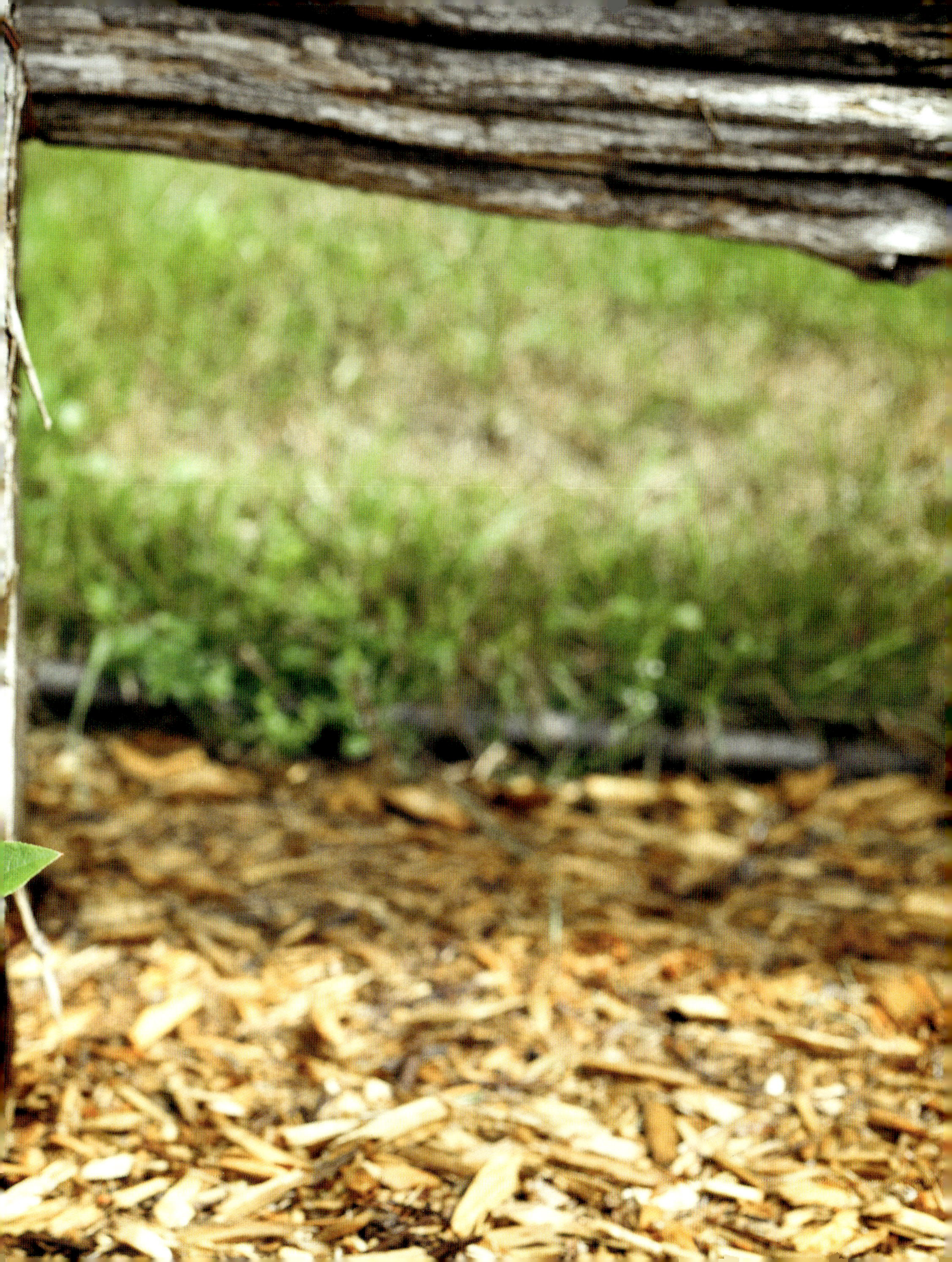

Table des matières

12 Mot de l'équipe

16 Pourquoi viser l'autosuffisance alimentaire ?

20 Cultiver par saison

22 Automne

    24 Planter des semis en fin de saison

    30 Amener à maturité les légumes qui n'aiment pas le froid

    34 Dates moyennes des premiers gels par région depuis 2000

    35 Amener à maturité les légumes qui aiment le froid

    38 Tirer profit des fines herbes en fin de saison

    40 Fermer le potager dans les règles de l'art

42 Hiver

    44 Cultiver des légumes à l'intérieur, pourquoi pas ?

    48 Les germinations et les micropousses

    52 La culture des champignons à l'intérieur

    54 Ces légumes qui repoussent tout seuls

60 Printemps

- **62** Choisir ses plantes potagères en fonction de leurs besoins en ensoleillement
- **67** Les zones de rusticité
- **68** Les semis intérieurs et extérieurs
- **72** Quel type de potager vous convient ?
- **78** Bien choisir et enrichir le sol : la clé du succès !

86 Été

- **88** La permaculture, une ode à la vie
- **93** Arbustes fruitiers, arbres fruitiers et fruits à coque
- **98** La serre : la solution pour prolonger la saison
- **106** Les petits gestes qui changent tout
- **108** La cueillette des semences

112 Élevages maison

- **114** La poule, reine de l'élevage à domicile
  - **116** Le poulailler en détail
  - **120** Choisir ses poules
  - **124** Les œufs
  - **126** Qu'est-ce qu'elle mange, la poule ?
  - **127** L'hydratation
  - **128** L'entretien du poulailler
  - **129** Et l'hiver, on fait quoi ?
  - **129** Les poules que l'on mange
  - **130** Soyez vigilant ! Les prédateurs et les maladies

Photo poule : Shutterstock

132 La caille, alliée
des petites cours
- 132 Quelles cailles choisir ?
- 134 La volière ou le clapier
- 134 L'alimentation
- 134 La ponte et les œufs
- 135 L'entretien de la cage
- 135 Et l'hiver, on fait quoi ?

136 Un élevage diversifié !
- 136 Les lapins
- 137 Les chèvres
- 138 Les moutons
- 140 La fermette idéale

142 Transformations maison
- 144 Avant de se lancer
- 146 Le levain
- 149 Le meilleur pain au levain
- 150 Le yogourt
- 152 La ricotta
- 153 Le fromage à griller
- 154 Le labneh
- 155 Le fromage à la crème

158 Conservation des récoltes

170 L'autosuffisance par la communauté

176 Témoignages de crinqués

    178   En route vers une autonomie totale

    184   Une cour urbaine productive en famille

188   Des légumes et des truites à l'année

194   Une forêt nourricière dans sa cour

200   Des insectes chez soi, pourquoi pas ?

206 Des ressources supplémentaires

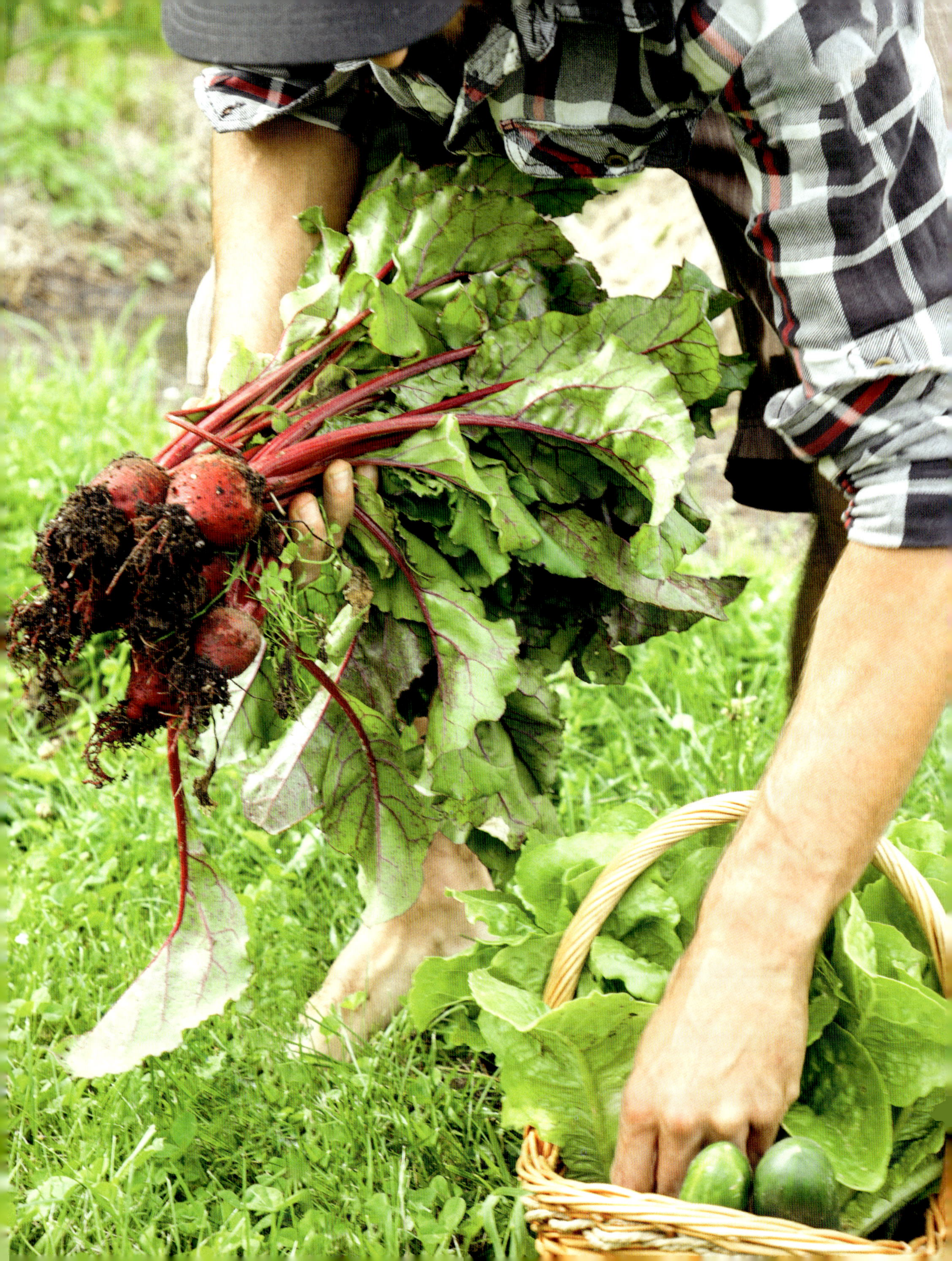

Petit à petit vers une
autonomie qui en vaut la peine !

Nos grands-parents avaient l'habitude de tenir leur jardin, de préparer leur pain et parfois même d'avoir des poules à la maison. Avec les années et avec l'arrivée des épiceries à grande surface, ce sont des traditions qui se sont perdues. Mais voilà qu'elles font de nouveau fureur… et avec raison ! Quelle meilleure façon de contrôler la qualité du contenu de notre assiette qu'en le produisant nous-même ?

Le jardinage, la garde d'animaux d'élevage (poules, cailles, etc.), la préparation de pain, de yogourt ou de fromage… Toutes les options sont bonnes pour faire les premiers pas vers une plus grande autosuffisance alimentaire. Mieux encore : il s'agit d'activités accessibles à tous, que l'on soit en ville, en banlieue ou en campagne. Il y a toujours quelque chose à faire pour assouvir notre soif d'autonomie. En famille, c'est une occasion en or d'en apprendre beaucoup aux enfants. Et puis quand on a des questions, une vaste communauté de passionnés s'ouvre à nous pour partager leurs connaissances et leurs expériences.

Si les temps qui changent – et le confinement imposé par la pandémie de COVID-19 – nous ont appris quelque chose, c'est que l'on doit être prêt à s'adapter à toutes les situations. Quand les allers-retours à l'épicerie sont plus difficiles, produire un maximum de nourriture chez nous devient une solution à portée de main. Pour vous aider, nous avons recueilli les informations de base sur l'autosuffisance alimentaire, du jardin à la cuisine, en faisant appel à ceux et celles qui ont déjà bien entamé leur aventure.

Pas besoin d'être un expert pour se lancer : il suffit d'y aller une étape à la fois !

Prêt, pas prêt, on s'autosuffit !

L'équipe de la rédaction

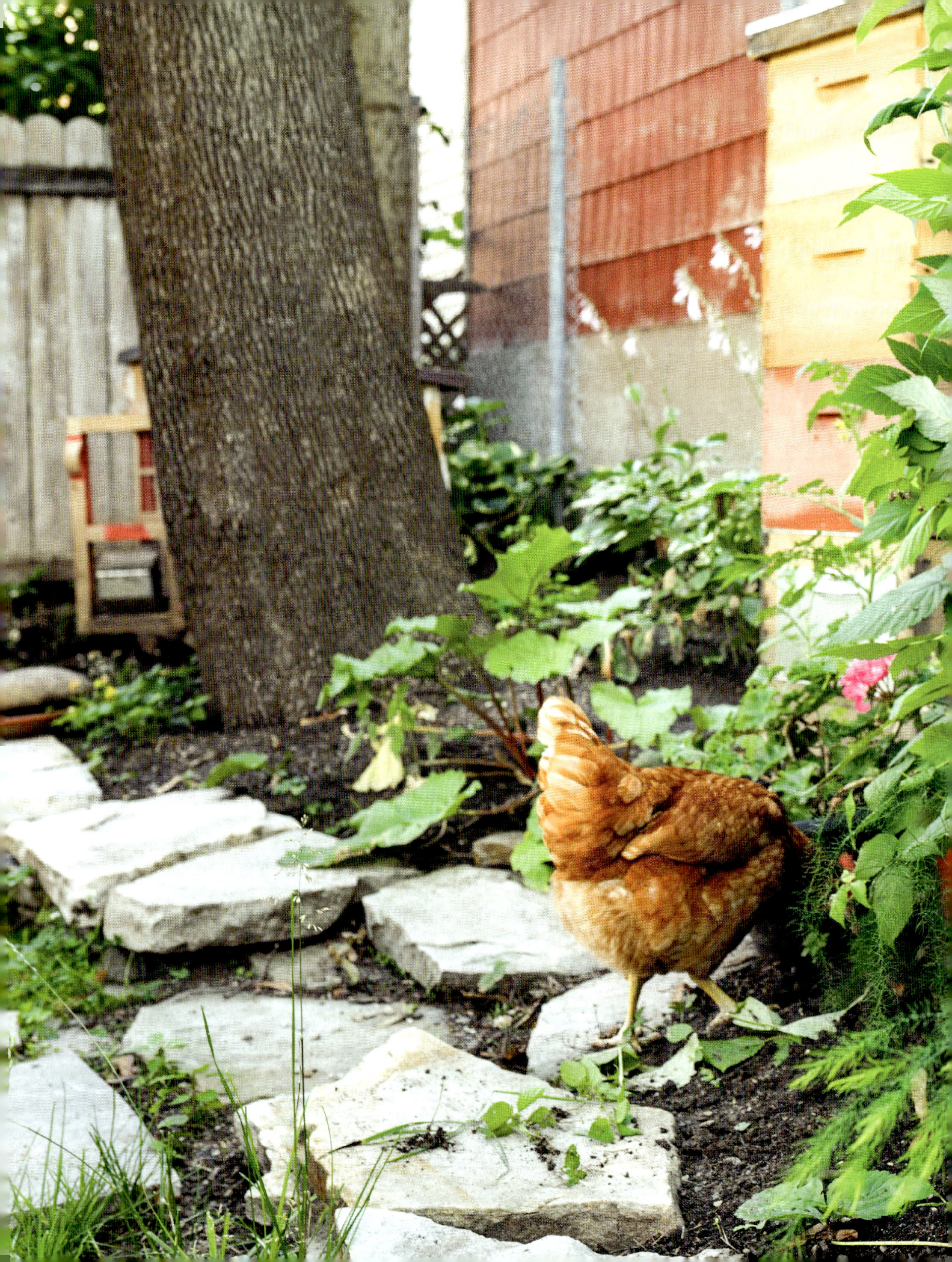

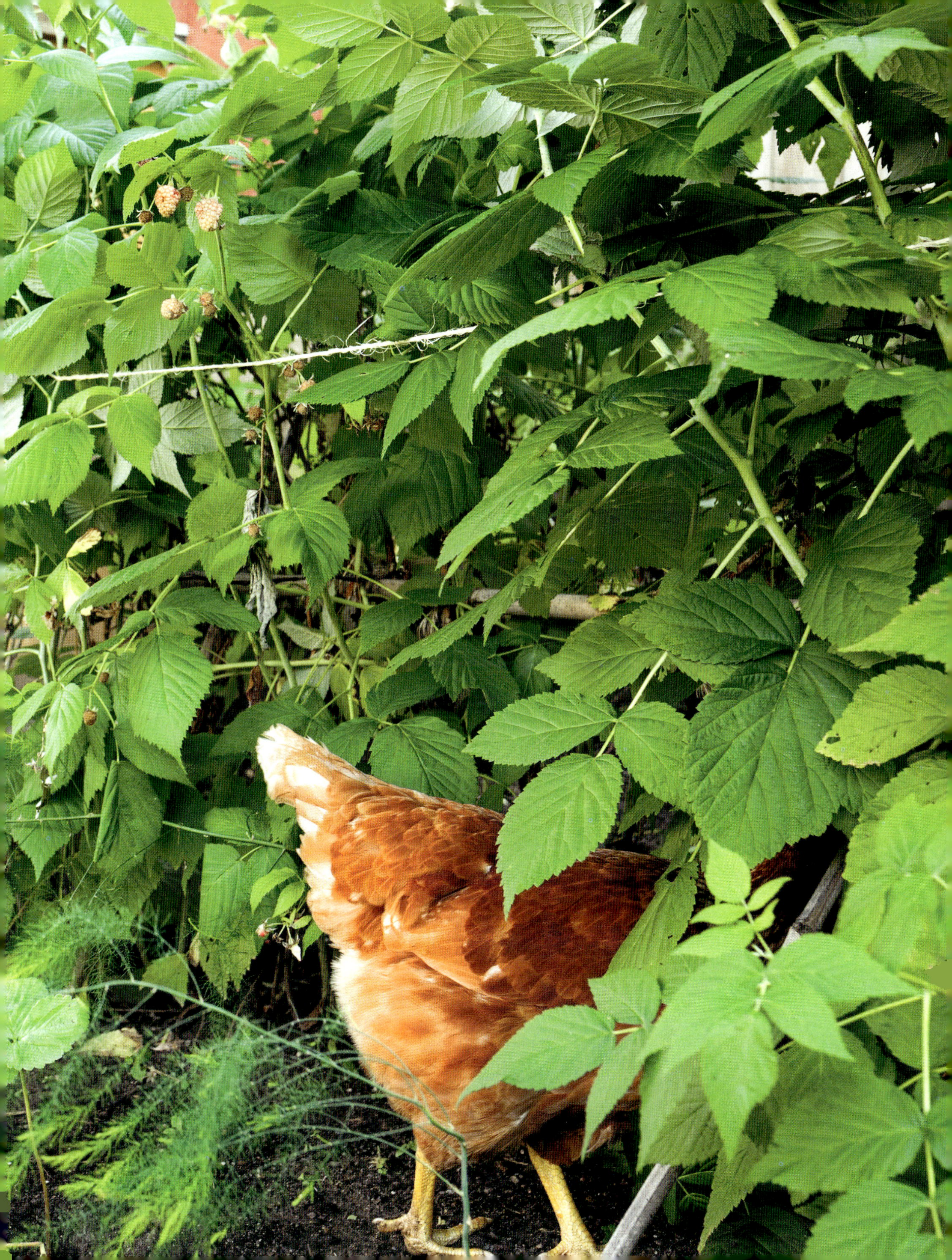

Pourquoi viser
l'autosuffisance alimentaire ?

Si vous tenez ce livre entre vos mains, c'est que vous avez probablement le désir de changer certaines habitudes de vie, à commencer par votre alimentation. Pour la plupart d'entre nous, acheter des tomates et des concombres à l'épicerie fait partie intégrante de la routine. Est-il absolument nécessaire qu'il en soit ainsi ? Pourquoi ne pas produire soi-même ses tomates et ses concombres ? En procédant de la sorte, nous pourrions nous assurer que ces légumes seront exempts de pesticides et n'auront pas parcouru des milliers de kilomètres pour se rendre jusqu'à nous. Il en va de même pour le lait, le fromage, les champignons et tout le reste. Pourrions-nous parvenir à être moins dépendants de l'industrie alimentaire en fabriquant notre propre nourriture ?

Ces réflexions partent d'une raison bien simple : nous avons un désir renouvelé de nous alimenter de produits frais, sains et locaux… De reproduire, en quelque sorte, ce que nos grands-parents faisaient. L'aspect environnemental est tout aussi important. Quand on s'interroge sur la quantité d'énergie requise pour importer les aliments que l'on consomme, on se dit qu'il serait mieux de faire les choses autrement. À ce propos, le Conseil québécois de l'horticulture (CQH) a rapporté que « les produits alimentaires achetés par une famille normale qui ne tient pas compte de leur origine peuvent parcourir en moyenne de 3 500 à 5 000 km de distance chacun, soit la distance entre Québec et Vancouver ». Incroyable, n'est-ce pas ? Cela est sans compter les emballages utilisés en épicerie et le gaspillage malheureusement trop fréquent engendré par ces établissements.

La recherche d'une plus grande autonomie alimentaire peut également naître à la suite d'événements hors de notre contrôle tels qu'une pandémie ou une catastrophe climatique. Nous réalisons alors que nous sommes dépendants de certains aliments importés et que ceux-ci peuvent du jour au lendemain devenir difficilement accessibles ou très coûteux.

Un objectif à atteindre avec la communauté

L'autosuffisance alimentaire, que l'on entend dans ce livre par la satisfaction de tous les besoins alimentaires à petite échelle, peut sembler à première vue utopique, voire inatteignable. Il est vrai que pour être 100 % autonome, on doit déployer des efforts considérables. D'ailleurs, toutes les personnes à qui nous avons parlé pour réaliser ce livre nous l'ont confirmé. Avec nos rythmes de vie effrénés, le travail, la famille et tout le reste, nous n'avons, en général, pas suffisamment de temps pour produire à nous seuls la totalité de ce que nous mangeons.

C'est pourquoi la communauté est si importante dans une telle démarche. Entre voisins, amis ou membres de la famille, nous pouvons nous entraider dans le but d'atteindre une plus grande autonomie et de devenir plus résilients, ensemble. C'est aussi une belle occasion de tisser des liens avec des gens qui ont la même vision que nous, avec qui on peut échanger non seulement des idées, des conseils et des techniques de conservation, mais aussi nos récoltes et les produits que nous transformons.

Bien que produire sa nourriture demeure accessible et abordable à certains égards, les investissements de départ peuvent parfois être longs à rentabiliser, tout dépendant de la nature de nos activités et de l'envergure de nos installations. Il faut être prêt à y mettre du temps et des efforts, mais l'énergie que nous y injecterons en vaudra la chandelle ! Imaginez cueillir le fruit des semences que vous avez plantées, ramasser de bons œufs frais chaque matin, entendre le bêlement de votre chèvre, étendre sur vos rôties la confiture que vous avez cuisinée avec les framboises qui ont poussé chez vous ou mélanger à vos pâtes la sauce tomate concoctée avec votre surplus de cette année… Tout ça n'a pas de prix !

Alors, par où commence-t-on ?

D'abord, nous vous conseillons de commencer petit et d'intégrer de nouvelles habitudes au fil du temps. Peut-être choisirez-vous de commencer par cuisiner votre propre pain en faisant vous-même votre levain, ou encore vous tournerez-vous vers la culture de fruits et de légumes. Vous apprendrez à connaître votre sol, à mieux évaluer l'ensoleillement dans votre cour et l'espace dont vous disposez pour aménager votre potager. Vous débuterez avec des cultures plus faciles. Ensuite, vous ajouterez de nouveaux légumes plus exigeants à votre potager. L'important, c'est de choisir ceux que vous aimez manger et que vous avez du plaisir à faire pousser ! Votre première miche sera peut-être trop dense, transformée immédiatement en croûtons ou en chapelure, vous aurez peut-être des pertes au potager, ou vous serez déçu de constater que des insectes ont ravagé votre kale. Mais vous recommencerez, autrement.

En parallèle, vous installerez un bac à compost qui vous permettra de réduire vos déchets, d'amender votre sol et de nourrir vos poules. Vous aurez peut-être envie d'apprendre des techniques de conservation des récoltes pour manger vos légumes, même en hiver ! Et à cela pourrait s'ajouter un élevage de chèvres, de lapins, ou même d'insectes ou de truites… Bref, comme vous pouvez le constater, l'autosuffisance alimentaire n'a pas vraiment de limites. Tout dépend du temps que vous êtes prêt à y consacrer !

Prêt ? Partez !

Que vous soyez curieux, novice ou plus expérimenté en matière de jardinage, de permaculture ou d'autonomie alimentaire, vous trouverez votre compte au fil de ces pages. Il y a tant de choses à découvrir et à essayer ! Non seulement vous en tirerez un grand sentiment de fierté, mais vous pourrez ainsi également vous réapproprier le savoir-faire qui a été perdu avec le temps, l'intégrer à votre quotidien et l'enseigner à vos enfants. De plus, vous créerez de mini-écosystèmes naturels directement chez vous, notamment en fournissant un milieu de vie aux pollinisateurs. N'est-ce pas merveilleux ?

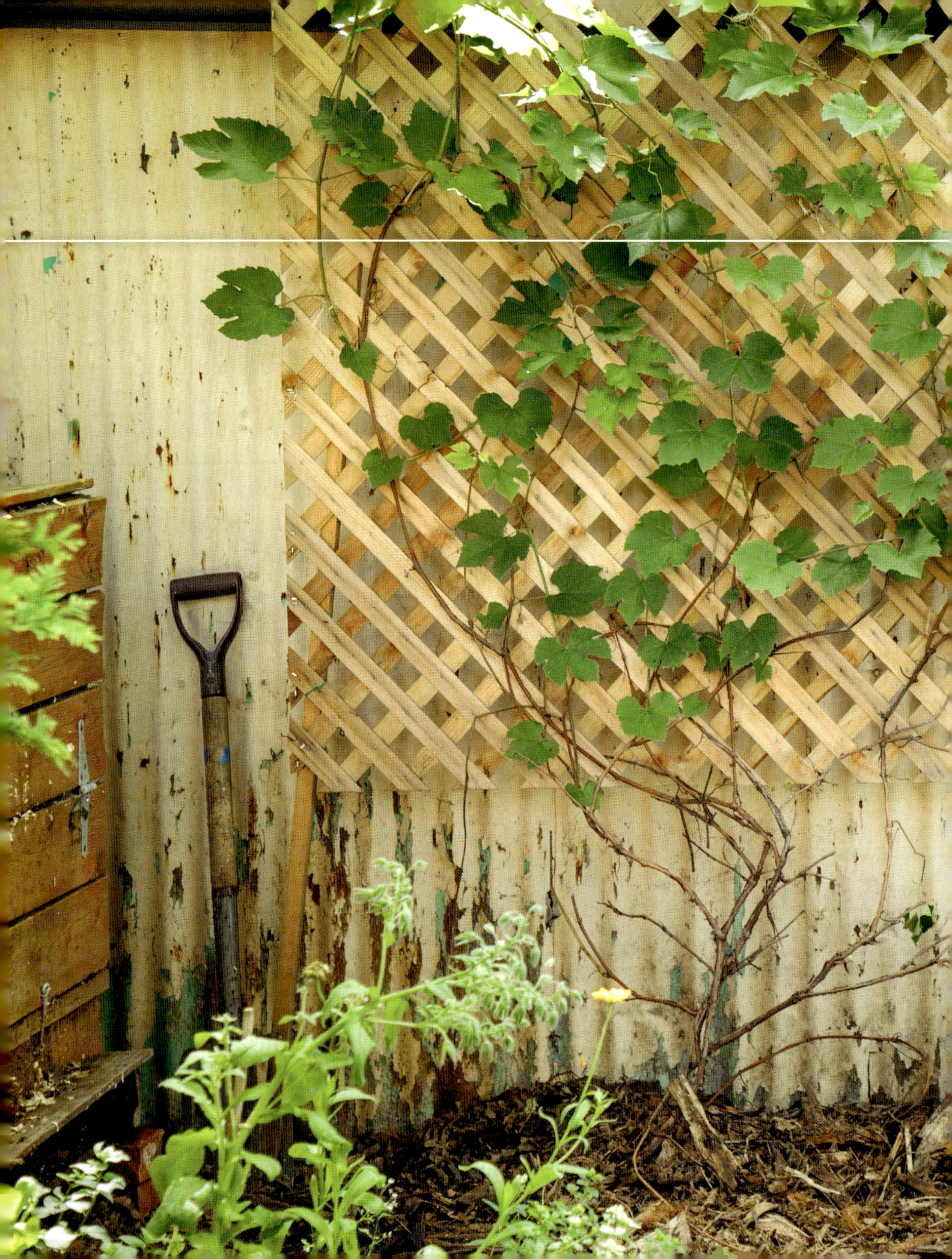

CULTIVER PAR SAISON

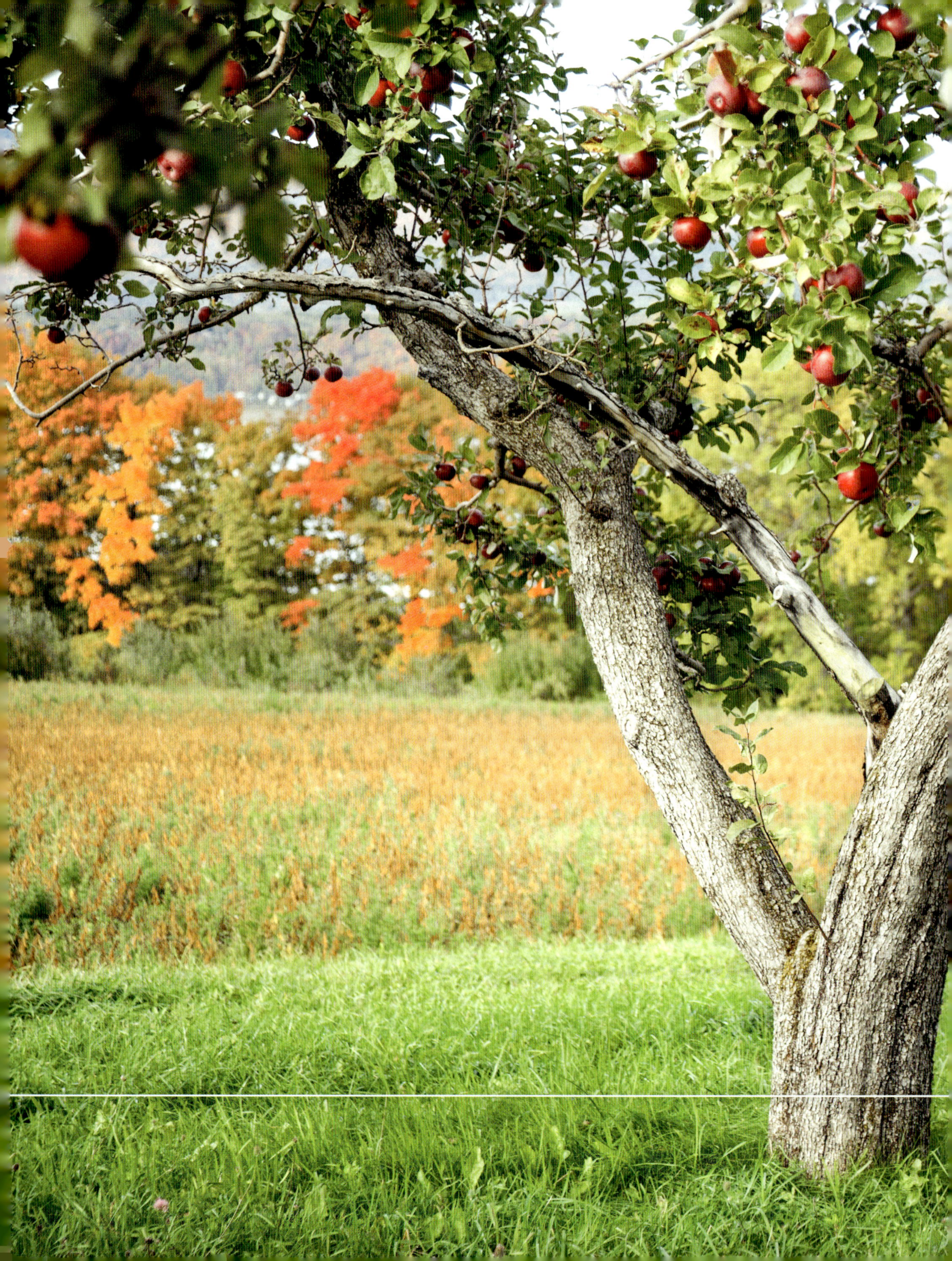

AUTOMNE

Tout savoir
pour étirer la saison des récoltes

Si l'arrivée des températures plus fraîches rend difficile, voire impossible la culture de plusieurs plantes potagères, elle n'annonce en rien la fin du plaisir pour les jardiniers. Voici donc sur quels spécimens et techniques horticoles miser pour profiter des récoltes avant et après les premières gelées.

Une fois les légumes d'été récoltés, il reste beaucoup de choses que l'on peut faire pour profiter du potager encore quelques semaines. Apprenez ici comment faire des semis de fin de saison, amener vos légumes à maturité et fermer le potager.

Planter des semis en fin de saison

Pour le commun des mortels, la saison des semis est associée à la nature qui se réveille, au printemps. Pourtant, la fin de l'été est favorable à la croissance de plusieurs plantes potagères à maturation rapide qui supportent moins bien les températures plus chaudes.

Lorsqu'on y réfléchit, semer en fin de saison comporte de nombreux avantages. D'abord, pour des raisons pratiques et esthétiques, l'espace laissé vacant par les plantes potagères ayant terminé leur cycle de croissance ne demande qu'à être comblé. En effet, en plus de créer un déséquilibre sur le plan visuel, les « trous » qui apparaissent dans le potager au fil de la saison seront rapidement comblés par les mauvaises herbes. Ensuite, le sol est encore chaud, ce qui facilite et accélère la germination des semences, alors que les canicules qui font la vie dure à de nombreuses plantes potagères se font de plus en plus rares. Enfin, le fait que bon nombre d'insectes ont terminé leur cycle de vie diminue largement les risques d'infestation.

Pour toutes ces raisons, les jardiniers soucieux de rentabiliser chaque parcelle de leur potager se rendent rapidement à l'évidence : il n'y a que de bonnes raisons de s'adonner au jardinage en fin de saison !

Marie-Michèle Doyon, cofondatrice d'un forum consacré à l'autosuffisance, met elle-même en pratique ce principe. Elle nous confie qu'elle a atteint l'autosuffisance en oignons de Sainte-Anne en replantant ses bulbes récoltés plus tard en saison. Elle sème l'oignon au printemps, le cueille à la Saint-Jean-Baptiste (en juin), en consomme une partie, puis laisse sécher le reste au soleil. La fin de l'été venue, elle divise et replante les bulbes séchés à la fête de Sainte-Anne, le 26 juillet. Cela permet à l'oignon de continuer sa croissance, et même de refaire des bulbes. « On a encore de l'oignon de Sainte-Anne de l'année passée ! », nous dit-elle.

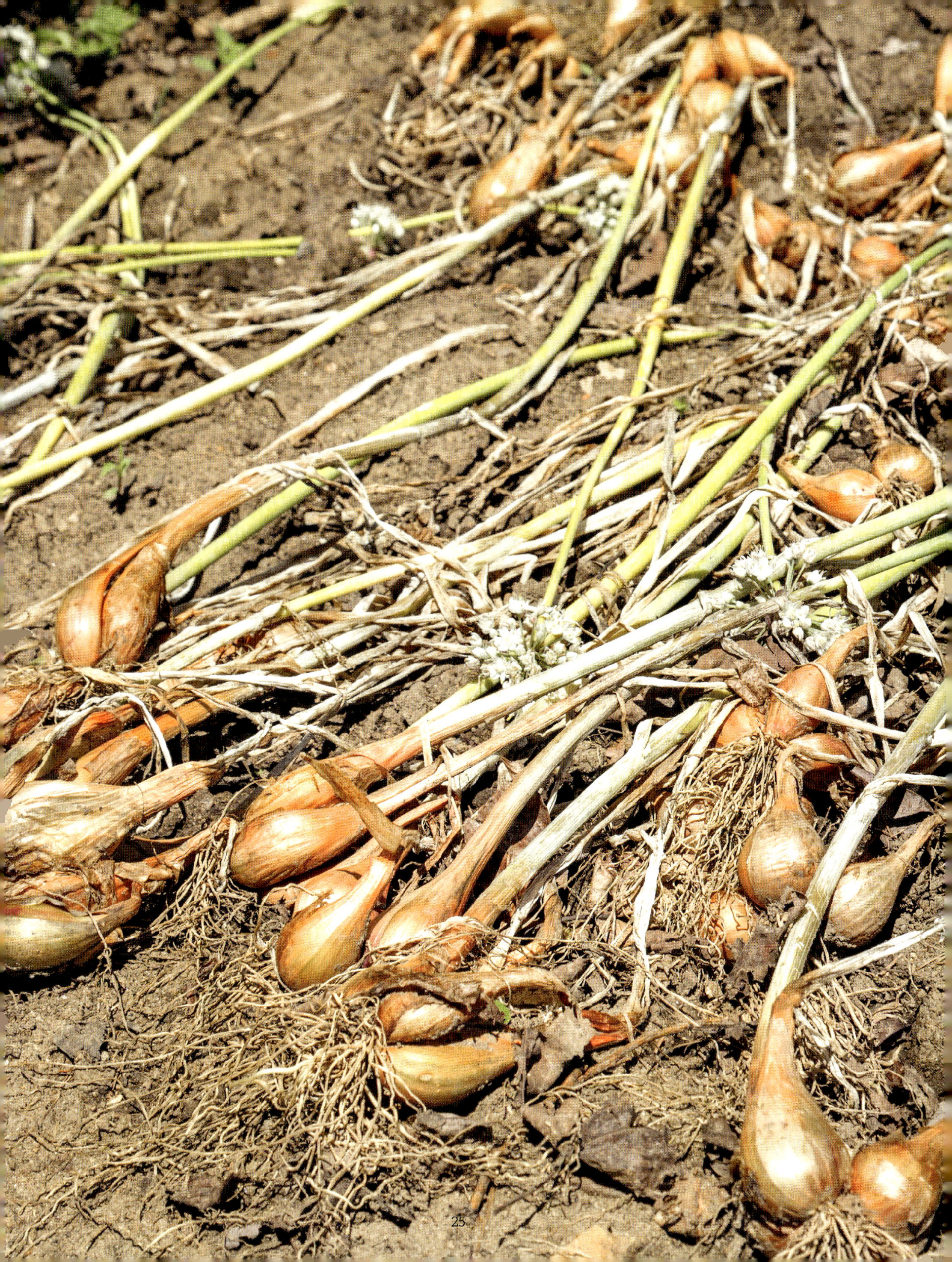

Les légumes à maturation rapide

Si certains légumes, plus particulièrement les légumes-fruits comme les tomates et les poivrons, ont une croissance relativement lente, d'autres ont la particularité de croître très rapidement. Ainsi, il est tout à fait réaliste de planter certains semis tard dans la saison pour profiter d'une récolte avant l'arrivée des grands froids. Les légumes-feuilles, comme la laitue, le chou frisé (kale), les épinards, le mesclun, la roquette et le bok choy, sauront aisément résister aux nuits plus fraîches. De leur côté, certains légumes-racines, comme les radis d'hiver (daïkon, radis melon, etc.), le navet et la carotte, peuvent être semés du milieu de l'été jusqu'à la fin de la saison. Enfin, pensez aussi aux variétés de pois hâtives et aux fines herbes à croissance très rapide comme la coriandre, l'aneth et le cerfeuil.

Amender le sol une seconde fois

Attention! Avant de donner une deuxième vie à notre potager, il importe d'enrichir le sol à nouveau, puisque les plants matures déjà en place auront épuisé en grande partie les ressources qu'il contient. Cela dit, il n'est pas nécessaire d'ajouter autant d'amendements au potager en fin de saison qu'en début de saison, puisque les légumes qui conviennent au potager automnal ne sont pas aussi gourmands en matière de nutriments que les légumes-fruits, par exemple.

Puisqu'ils sont très riches, le compost maison et le vermicompost sont à privilégier, mais le compost marin, le compost de crevettes et le compost de mouton représentent aussi de bons choix. Qui plus est, il peut être intéressant d'ajouter une bonne poignée de granules de fumier de poule à la terre au moment de semer le potager automnal. Par la suite, on peut également utiliser un engrais foliaire comme des algues liquides une fois par semaine.

BON à savoir!
Le sarrasin enrichit le sol

Contrairement à la croyance populaire, le sarrasin (*Fagopyrum esculentum*) n'est pas une céréale, mais bien une plante de la famille des polygonacées, à l'instar de la rhubarbe et de l'oseille. Ces dernières années, l'engouement pour l'autosuffisance alimentaire et les jardins verts a fait monter en flèche le nombre de jardiniers qui s'adonnent à la culture du sarrasin. La raison? Alors que la majorité des plantes potagères appauvrissent le sol au fil de leur croissance, le sarrasin, lui, enrichit ce dernier en magnésium, en azote et en calcium, des nutriments dont les plantes potagères ont grandement besoin. Ainsi, semer du sarrasin au printemps pour le récolter à la fin juin permet d'une part de profiter d'une récolte de sarrasin et, d'autre part, de bénéficier d'un sol très riche et prêt à accueillir de nouveaux semis par la suite. Voilà donc un engrais vert à considérer pour étirer la saison du jardinage sans avoir à amender le sol une seconde fois!

Photo fleurs de sarrasin: Shutterstock

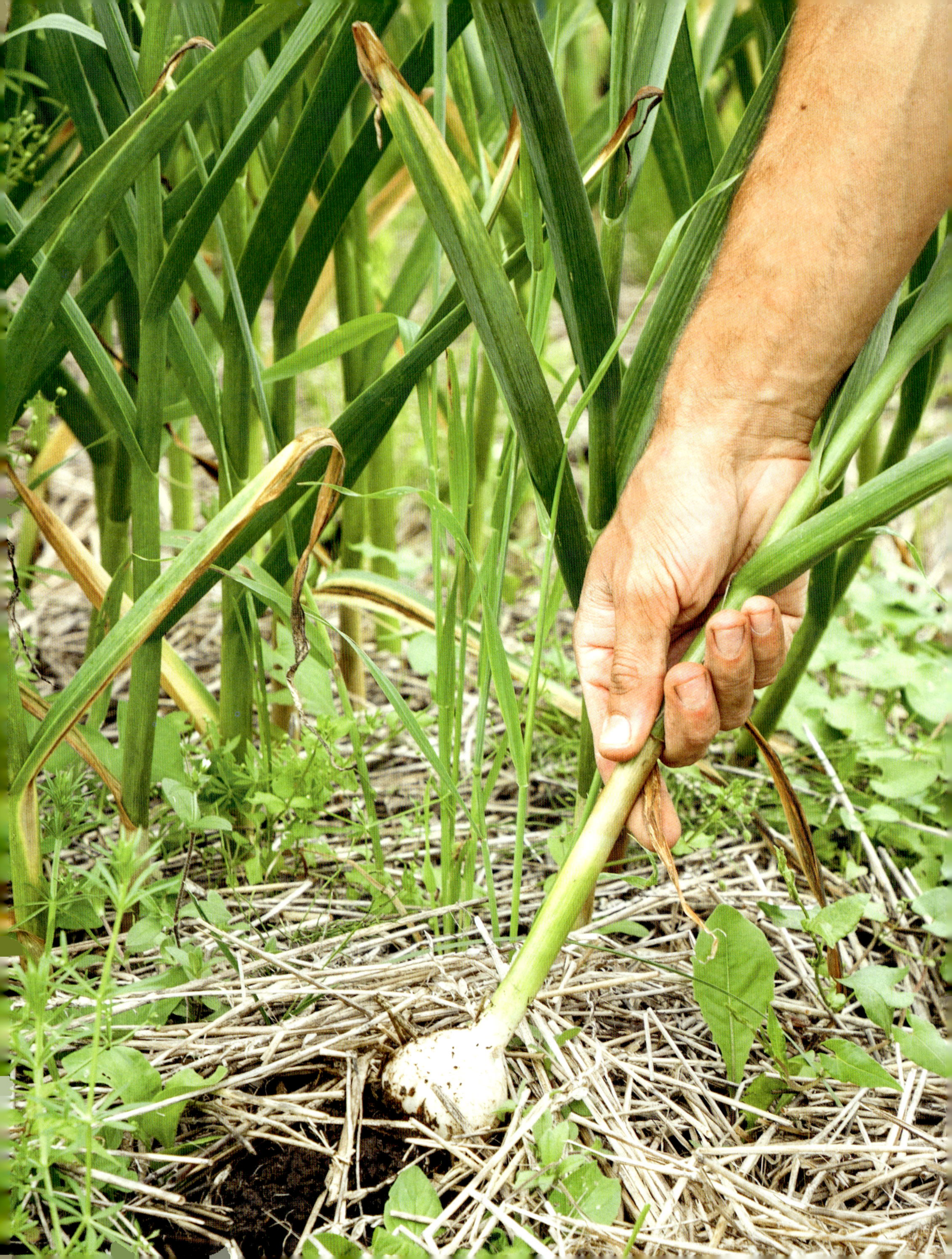

L'ail, un légume à planter l'automne

L'ail fait partie des légumes que l'on doit planter à l'automne pour ensuite les récolter l'été suivant. On plante des gousses d'ail entre la fin août et la mi-octobre, de sorte que les bulbes puissent croître dans un sol frais, mais non gelé, pour une période de 4 à 6 semaines. Pour cultiver l'ail sous notre climat, il faut se tourner vers les bulbes d'ail prêts à planter, lesquels sont vendus dans la plupart des pépinières et des jardineries. En effet, l'ail que l'on trouve dans les supermarchés n'est que très rarement adapté à notre climat, en plus d'avoir souvent subi un traitement qui empêche sa germination. Après avoir planté l'ail, il importe de couvrir le sol d'une couche de paillis de 10 cm (4 po). On évitera toutefois le paillis de cèdre, non recommandé pour les potagers.

> Notez que seules les variétés d'ail à col rigide produisent une fleur d'ail. Évitez donc les variétés à col souple si vous souhaitez en profiter.

Au printemps suivant, vous verrez apparaître de longues feuilles vertes. Puis, vers la fin juin, une tige florale émergera : il s'agit de la fleur d'ail. Pour favoriser la croissance des bulbes, vous devrez la couper lorsqu'elle aura fait environ deux tours sur elle-même, après quoi elle se redressera et deviendra coriace. En cuisine, la fleur d'ail s'utilise comme les gousses, mais son goût est moins prononcé, et elle est plus facile à digérer que les gousses d'ail. Elle se congèle dans des bacs à glaçons, à condition qu'elle soit hachée, puis recouverte d'huile végétale ou d'eau.

Enfin, au début du mois d'août, lorsque les feuilles commencent à s'assécher, vous pouvez récolter vos bulbes d'ail, puis les faire sécher dans un endroit chaud et aéré. Cette étape très importante permet de prolonger la durée de conservation de vos bulbes.

Prenez alors soin de conserver vos bulbes les plus prometteurs, c'est-à-dire ceux de grande dimension et exempts de maladies, pour les replanter en prévision de la récolte de l'année suivante. De cette façon, vous vous assurerez de pouvoir profiter d'ail frais année après année !

Amener à maturité les légumes qui n'aiment pas le froid

À la fin de l'été, lorsque les nuits sont plus fraîches, le potager regorge toujours de légumes qui ne sont pas encore arrivés à maturité, mais qui risquent de geler si on ne les cueille pas. C'est le cas de plusieurs légumes-fruits, particulièrement ceux de la famille des solanacées. Il existe heureusement plusieurs techniques et astuces qui permettent d'amener un maximum de fruits à maturité avant les premiers gels.

Les tomates

D'abord, en fin de saison, il est recommandé de couper les gourmands des tomates, aussi appelés « tiges secondaires ». En éliminant les tiges secondaires, on s'assure que le plant concentre ses efforts pour faire croître et mûrir les fruits déjà formés, plutôt que de produire de nouvelles fleurs qui n'ont aucune chance de former un fruit parce qu'elles ne bénéficient pas des chaudes journées d'été. Pour les mêmes raisons, il est aussi recommandé de supprimer les fleurs que l'on trouve sur les tiges standards. Les feuilles qui sont jaunies ou qui bloquent le soleil aux fruits devraient également être supprimées.

Lorsque, en fin de saison, les plants de tomates cerises regorgent encore de tomates immatures, il est possible de récolter les plants en entier en coupant leur tige principale à la base, puis de suspendre les plants tête en bas dans un endroit sombre et à l'abri du vent, où la température oscille entre 20 et 25 °C (68 et 77 °F). On peut bien sûr les suspendre dans la maison, mais les garages, les cabanons et les abris d'auto sont aussi de bonnes options lorsque l'espace est limité. Dans ces conditions, la sève descendra jusque dans les extrémités des tiges pour éventuellement faire mûrir les fruits, qui passeront alors du vert au jaune, orange, rouge ou violet, selon la variété.

Pour ce qui est des variétés de tomates à plus gros fruits, on cueillera plutôt les fruits immatures un à un, puis on les placera près de la fenêtre dans un sac en papier brun. Advenant une plus grande quantité de tomates, il est aussi possible de les déposer dans une boîte en carton, en prenant soin qu'elles ne se touchent pas. Pour accélérer le processus de mûrissement, on peut placer une pomme dans le sac ou la boîte. L'éthylène que cette dernière dégage fera mûrir le fruit plus rapidement. Notez que seules les tomates ayant entamé leur processus de coloration peuvent poursuivre leur maturation une fois qu'elles ont été cueillies. Les tomates entièrement vertes peuvent toutefois être utilisées pour la préparation du traditionnel ketchup vert. Les tomates qui auront changé de couleur seront un peu plus amères que les tomates mûries au jardin. On les utilisera donc dans des sauces et autres recettes chaudes.

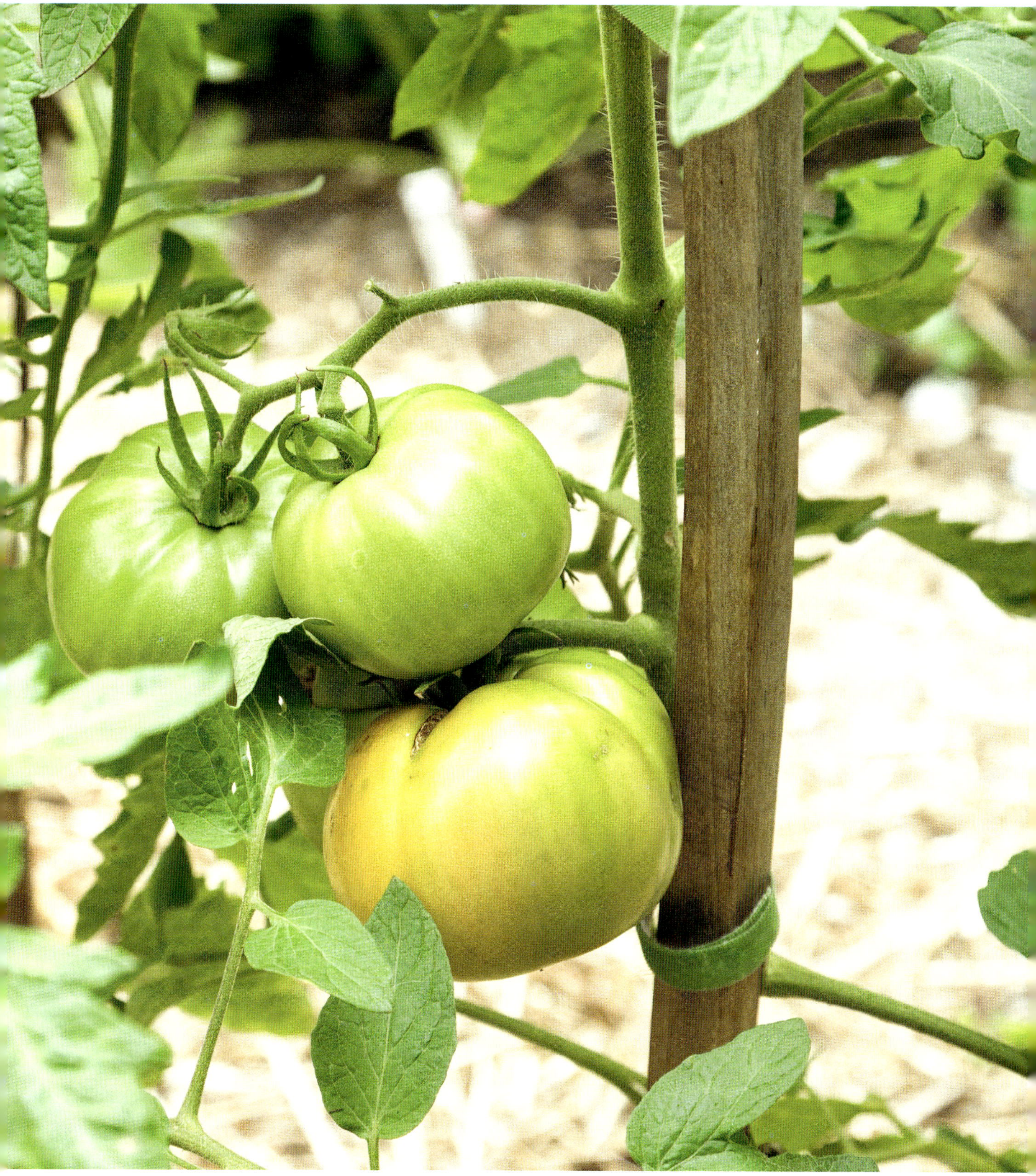

Les poivrons et les piments

Les poivrons et les piments ont besoin de beaucoup de soleil pour mûrir. Pour cette raison, tout au long de l'été, mais surtout en fin de saison, il convient de supprimer les feuilles qui bloquent le soleil aux fruits afin de leur donner toutes les chances d'atteindre la maturité.

Contrairement aux tomates, qui ont la particularité de poursuivre leur maturation après avoir été cueillies, les poivrons et les piments cessent de mûrir dès qu'ils sont cueillis. Lorsque les températures chutent, il est donc tout indiqué de rentrer les plants afin de permettre aux fruits de terminer leur cycle. Dans le cas d'un potager en pots, il vous suffira de rentrer votre plant et de le placer sur le rebord d'une fenêtre afin qu'il capte un maximum de rayons de soleil. Si votre plant de poivrons ou de piments est cultivé directement en terre, vous devrez alors le transplanter dans un pot profond muni de trous de drainage, puis le rentrer.

Les fleurs de poivrons étant autogames, elles se reproduisent la plupart du temps par autofécondation. Autrement dit, les poivrons n'ont pas besoin des insectes pollinisateurs pour produire des fruits. S'il y a des fleurs sur le plant que vous rentrez, pollinisez ces dernières en brossant délicatement leur centre à l'aide d'un petit pinceau. De cette façon, le pollen se rendra au pistil et le fruit sera fécondé.

TRAITEZ VOS PLANTS AVANT DE LES RENTRER !

Lorsqu'on souhaite déplacer des plantes potagères de l'extérieur vers l'intérieur, il est fortement conseillé de les traiter au préalable à l'aide d'un savon insecticide. De cette façon, on évitera de faire entrer chez soi des indésirables (thrips, pucerons, cochenilles, etc.) qui pourraient éventuellement contaminer nos plantes d'intérieur. Notez que les savons insecticides sont écologiques, en plus d'être abordables et non nocifs pour les animaux et les humains. Dans le cas des plantes potagères en pots, des mesures supplémentaires s'appliquent. Il est recommandé d'immerger le contenant dans l'eau pendant 10 heures, de remplacer la couche de terreau à la surface du pot par du terreau à plantes d'intérieur et de nettoyer la surface ainsi que le dessous des feuilles à l'aide du pommeau de douche.

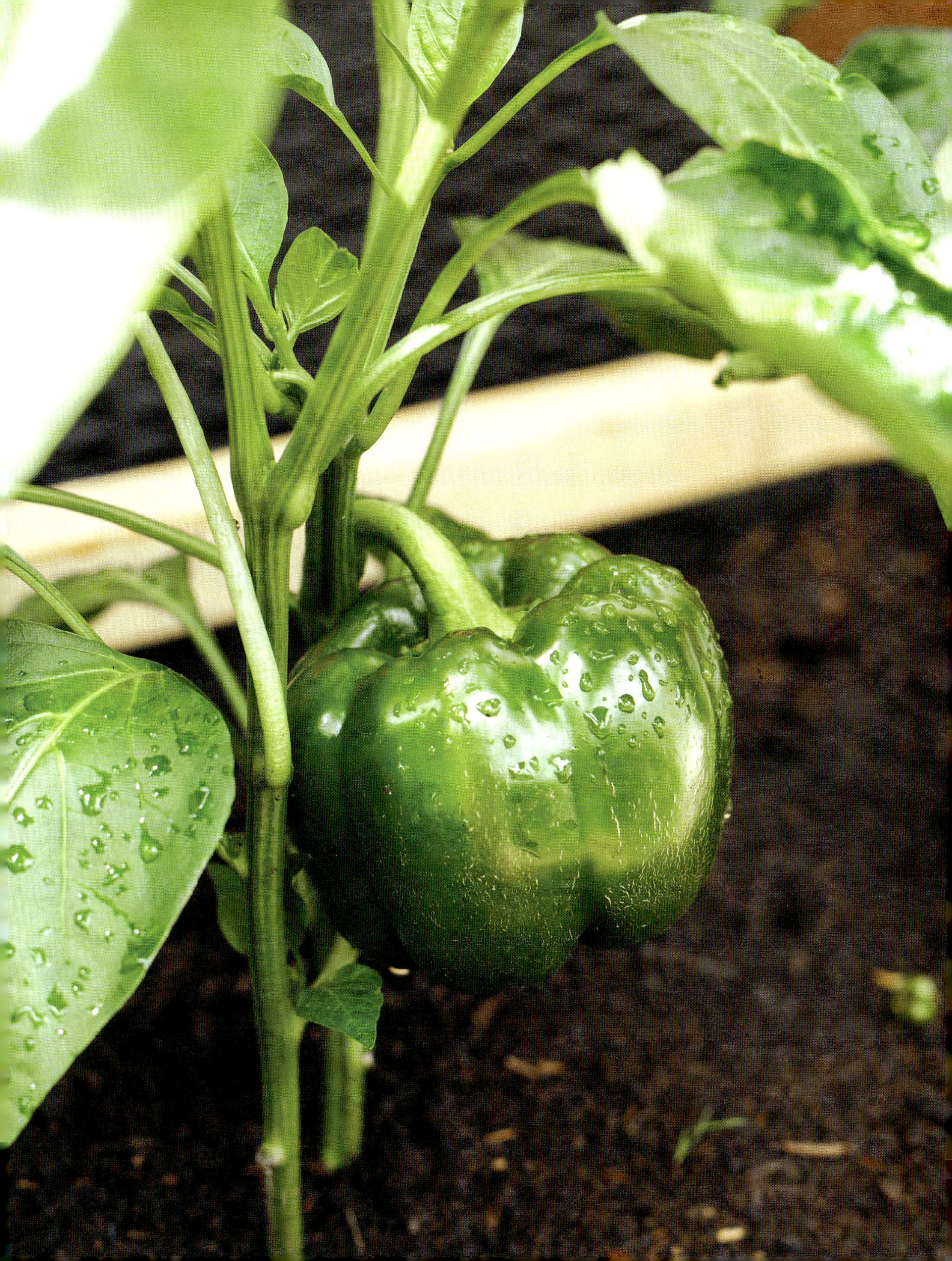

DATES MOYENNES DES PREMIERS GELS PAR RÉGION DEPUIS 2000

Chaque année, lorsque la fin de l'été arrive, il importe de surveiller la météo afin de s'assurer que son potager ne se fera pas prendre par le premier gel de la saison, qui peut arriver subitement et causer beaucoup de dommages. En cas de doute, rentrez les plants en pots dans le cabanon ou la maison pour la nuit, et utilisez une couverture flottante pour protéger les légumes qui sont cultivés directement en terre et qui ne sont pas résistants au froid. Le tableau suivant rassemble les dates moyennes des premiers gels recensés depuis l'année 2000 par région. Or, en raison des changements climatiques, il est probable que vous constatiez des écarts de plus en plus importants dans les dates des premiers gels d'une année à l'autre. Vous devrez donc faire preuve d'une grande vigilance pour ne pas être déjoué par dame Nature.

SEPTEMBRE

Région	Date moyenne
Sept-Îles	15 septembre
Gaspé	18 septembre
Val-d'Or	18 septembre
Sherbrooke	21 septembre
Saguenay	28 septembre

OCTOBRE

Région	Date moyenne
Québec	8 octobre
Gatineau	12 octobre
Rimouski	17 octobre
Montréal	19 octobre

Amener à maturité les légumes qui aiment le froid

Si la mi-septembre annonce la fin des récoltes pour bon nombre de plantes potagères, plusieurs végétaux sont quant à eux très résistants au froid et ont même avantage à subir quelques gelées avant d'être cueillis. Plus précisément, les plantes résistantes au froid réagissent aux basses températures en produisant du sucre. Autrement dit, lorsqu'on les soumet aux gelées, ces légumes deviennent plus savoureux.

Pour profiter de ces derniers tout l'automne, il faut bien sûr démarrer de nouveaux semis entre le milieu de l'été et la première semaine d'août, puis les transplanter au potager en fin de saison. Plus les légumes d'automne sont semés tard dans la saison, moins ils auront le temps de se développer avant la cueillette automnale. Une fois les jeunes plants transplantés au potager, il est important de surveiller de près l'arrivée des premiers gels et d'offrir aux plants la protection nécessaire contre le froid.

Protéger les légumes-racines

Les radis d'hiver, la carotte, le rutabaga, le navet et le panais sont considérés comme des légumes-racines relativement rustiques. Avant que le sol ne menace de geler, on s'empresse d'ensevelir les jeunes plants sous une couche de paillis d'au moins 20 cm (8 po).

Protéger la verdure et les légumes qui poussent hors terre

Le chou frisé, le chou de Bruxelles, l'épinard et la roquette poussent hors terre. Ils ne peuvent donc pas être protégés par une couche de paillis comme les légumes-racines. Pour le chou frisé et le chou de Bruxelles, qui poussent en hauteur, on prévoit donc plutôt un **tunnel à potager**, soit un système de serre consistant en plusieurs cerceaux couverts d'une toile de plastique. Pour la verdure qui ne pousse pas en hauteur, comme l'épinard et la roquette, on privilégie la **couche froide**. Il s'agit d'une petite serre extérieure basse et sans fond dont la structure est faite de bois, et le dessus, d'une porte vitrée ou d'un couvert de plastique. Il sera alors nécessaire de déneiger la fenêtre pendant l'hiver afin de permettre aux rayons du soleil d'atteindre les plants.

Tunnel à potager

Couche froide

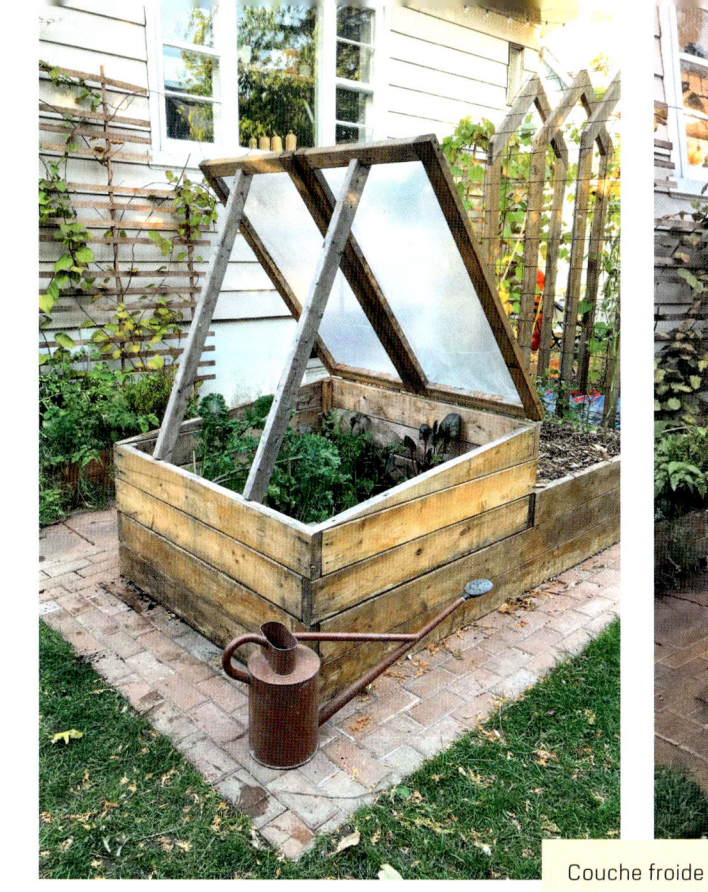

Gare aux journées qui raccourcissent !

Les légumes d'automne doivent arriver à maturité avant que les journées offrent moins de 10 heures d'ensoleillement par jour.

DURÉE MOYENNE DE MATURATION	
Radis d'hiver	de 40 à 60 jours
Carotte	de 50 à 70 jours
Rutabaga	de 90 à 100 jours
Navet	de 35 à 60 jours
Panais	de 120 à 140 jours
Chou frisé	55 jours
Épinard	de 40 à 60 jours
Roquette	50 jours

Photo couche froide : compte Instagram de Paty Gagnon

Tirer profit des fines herbes en fin de saison

Les fines herbes

La lavande, l'aneth, la coriandre, le basilic, la menthe, la livèche, le cerfeuil, l'anis et la bourrache font partie des fines herbes qu'il ne vaut pas la peine d'essayer de cultiver à l'intérieur pendant la saison froide. En effet, certaines sont annuelles et donc programmées pour mourir à l'automne, et d'autres sont très rustiques et préfèrent être ensevelies sous la neige plusieurs mois durant. Cela dit, il est possible de profiter de ces dernières à longueur d'année, à condition de les congeler ou de les soumettre à une période de séchage. Rendez-vous à la page 166 pour tout savoir au sujet de la conservation des fines herbes.

Les variétés à cultiver comme plantes d'intérieur

Le romarin et le laurier-sauce sont de loin les fines herbes les plus faciles à cultiver sur plusieurs années. En les cultivant en pots, vous pourrez simplement les rentrer chaque automne et les ressortir au printemps, en prenant soin de les acclimater sur plusieurs jours, de sorte qu'ils se réhabituent aux conditions extérieures. Au bout de quelques années, ils prendront la forme d'un petit arbuste.

Le persil et la stévia, quant à eux, peuvent être rentrés à l'automne et placés près du rebord de la fenêtre. Au printemps, le persil fleurira, puis montera en graines. Après la floraison, le persil deviendra très amer et coriace. Vous pourrez alors simplement recueillir les semences et les semer dans le potager. La stévia, de son côté, peut être directement transférée au potager au printemps, lorsque le sol est réchauffé, à condition qu'elle ait été acclimatée sur plusieurs jours au préalable afin qu'elle se réhabitue aux conditions extérieures.

Les variétés qui doivent subir une gelée

La ciboulette et l'estragon français font partie des fines herbes vivaces qui dépérissent lorsqu'on les fait passer de l'extérieur à l'intérieur avant les gelées. Pour profiter de ciboulette et d'estragon frais toute l'année durant, il est nécessaire de leur faire subir quelques gelées avant de les rentrer. De cette façon, on simule un printemps au moment de les faire passer de l'extérieur à l'intérieur, ce qui déclenche un nouveau cycle de croissance pour le plant, qui se met alors à produire de nouvelles pousses.

Les variétés à bouturer

Le thym, l'origan et la sauge peuvent être cultivés à l'intérieur pendant la saison froide, à condition que l'on ne rentre pas la plante mère, mais bien quelques jeunes boutures qui pourront éventuellement développer un système racinaire, puis produire de nouvelles feuilles.

Fermer le potager dans les règles de l'art

Ça y est! La majorité des plantes potagères ont terminé leur cycle de vie et le potager a perdu sa luxuriance. Avant l'arrivée des grands froids, il est primordial d'effectuer quelques petits gestes pour protéger le précieux écosystème qui a trouvé refuge dans notre potager, et ainsi s'assurer une bonne récolte et un minimum d'ennuis la saison prochaine.

Laisser les végétaux en place

Une erreur fréquente chez les nouveaux jardiniers consiste à vouloir « nettoyer » le potager en fin de saison, notamment pour donner à la cour une allure plus invitante. Pourtant, **il faut éviter à tout prix d'arracher toutes les annuelles, de rabattre les vivaces et de racler la surface du sol à l'automne**. D'une part, arracher toutes les annuelles du potager en terre risque de créer une érosion. Mais surtout, arracher les annuelles et rabattre les vivaces prive la faune bénéfique et les micro-organismes présents dans le sol d'un abri pour l'hiver. En effet, les feuilles mortes sont d'excellents refuges pour tous ces alliés qui doivent hiberner. Qui plus est, rabattre les vivaces à l'automne affaiblit les plants, puisque cela les expose davantage à nos hivers rigoureux. Conservez plutôt les tiges et les feuilles des vivaces en place, car elles protègent les plants pendant l'hiver, et assurez-vous que la neige puisse les recouvrir entièrement durant toute la saison. Il serait également possible de couper les branches qui dépassent du sol, mais de laisser les racines en place, ce qui permettra au sol d'être bien aéré. Toutefois, si vous remarquez que vos vivaces présentent des tiges mortes ou malades, il est important de retirer lesdites branches avant les gels.

Enfin, les végétaux morts se décomposeront pendant la saison et enrichiront donc le sol en prévision de l'année à venir. Autrement dit, pratiquer le lâcher-prise et accepter que la cour ne soit pas parfaitement ordonnée est largement plus payant!

L'EXCEPTION À LA RÈGLE

Dans le cas des potagers en pots, on arrache les annuelles et on retire environ le quart du terreau avant le premier gel. Au printemps suivant, on comblera cet espace avec du nouveau compost.

Maintenir le sol humide jusqu'aux gelées

Les potagers dans lesquels on trouve des vivaces doivent être maintenus humides durant tout l'automne, et ce, jusqu'à l'arrivée des premiers gels. En raison du stress qu'elles subiront si la terre est trop sèche pendant l'automne, les vivaces dépériront. Mais attention! Une terre trop imbibée d'eau juste avant l'arrivée des premiers gels provoquera la formation d'un bloc de glace, ce qui compromettra la circulation d'oxygène essentielle à la survie des vivaces.

Pratiquer le feuillicyclage

Sous prétexte que cela abîme le gazon, bon nombre de gens ont pris l'habitude de racler la totalité des feuilles d'automne dans leur cour. Or, on sait aujourd'hui que les feuilles mortes sont bénéfiques pour les insectes qui s'y cachent pendant l'hiver, en plus d'enrichir le sol en se décomposant. Utiliser les feuilles mortes en guise de protection pour le potager est une bien meilleure idée que de les jeter aux ordures. Pour ce faire, il suffit de recouvrir le potager d'une épaisse couche de feuilles mortes avant le premier gel. Vous pratiquez le compost maison? Conservez au moins un sac de feuilles dans le cabanon en prévision du printemps suivant. Vous aurez donc une réserve de précieuses matières brunes, lesquelles se font généralement plus rares.

Marie-Michèle Doyon étend même des feuilles mortes dans son jardin avant l'hiver. Au printemps, elle les dispose dans ses allées ou les transfère dans le bac à compost. Cela lui permet de garder un maximum de nutriments dans la terre de son lot, en plus de donner une deuxième, voire une troisième vie à ces végétaux dépéris. «Quand on a planté les tomates, pour retenir l'humidité, on a mis des feuilles mortes au lieu d'acheter du paillis.» Pensez-y deux fois avant de vous en débarrasser!

L'entretien des outils

Prendre l'habitude d'entretenir vos outils à l'automne allongera leur durée de vie. Pour nettoyer et aiguiser ces derniers, remplissez une chaudière de sable de construction sans sel, puis ajoutez-y 500 ml (2 tasses) d'huile végétale. Plongez puis ressortez les lames de vos outils cinq fois dans ce mélange. Entreposez ensuite vos outils dans le cabanon, à l'aide de crochets fixés au mur.

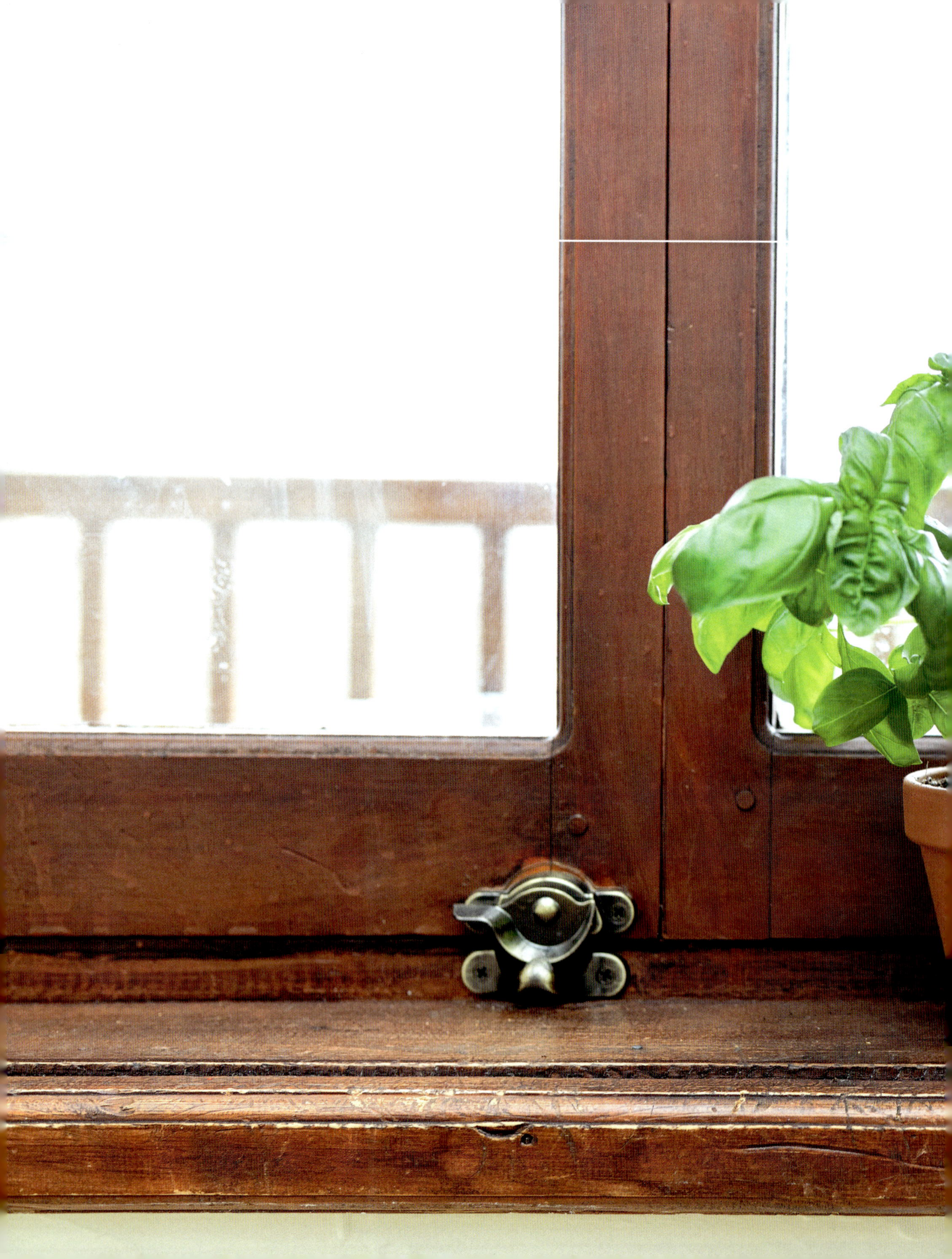

HIVER

Le merveilleux monde
des cultures intérieures

Pour atteindre l'autosuffisance alimentaire, il faut nécessairement user de ruse et déjouer le climat rigoureux qui caractérise la province. Heureusement, il existe différents types de cultures intérieures tout à fait accessibles au grand public. Voici tout ce qu'il faut savoir pour s'y initier !

La neige et la glace ne sont pas propices aux récoltes abondantes, vous croyez ? Qu'à cela ne tienne, l'intérieur de la maison peut tout aussi bien accueillir nos cultures maraîchères. Légumes-feuilles, germinations et micro-pousses, champignons… Pour se lancer dans les cultures intérieures, c'est par ici !

Cultiver des légumes à l'intérieur, pourquoi pas ?

À 30 ans, Marie-Christine Lafond se confesse : jusqu'à tout récemment, elle n'avait jamais eu le pouce très vert, contrairement à plusieurs membres de sa famille. C'est par la force des choses, en emménageant dans un appartement du quartier Limoilou à Québec, qu'elle a développé à son tour un intérêt marqué pour la culture des légumes. « À la base, avec mon conjoint, on voulait simplement verdir notre petit balcon. On a joint l'utile à l'agréable en utilisant des plants de légumes et de fines herbes. Pendant ces années, à l'arrivée de l'automne, je rentrais les pots de fines herbes à l'intérieur, sur le rebord de ma fenêtre de cuisine. Les plants y survivaient au plus tard jusqu'à Noël », se remémore-t-elle.

Puis, à l'été 2017, Marie-Christine et son conjoint ont acheté un duplex, toujours dans le quartier Limoilou. L'idée de s'adonner aux cultures intérieures pendant la saison hivernale leur est venue quand, au début de l'automne, ils ont participé à une corvée de ménage dans le sous-sol de la grand-mère de Marie-Christine. « Ma grand-mère faisait partie du club d'horticulture de Sainte-Foy. J'ai ramassé une lampe à néons servant aux cultures intérieures. Nous nous sommes procuré une étagère pour l'installer dans notre sous-sol. J'ai d'abord rentré des plants de fines herbes, des oignons et des laitues que je cultivais en pots à l'extérieur. Puis, après la récolte, j'ai décidé de planter de nouvelles pousses. C'est là que tout a commencé ! »

Depuis, chaque automne, à la fermeture du potager, Marie-Christine démarre des semis intérieurs, et ce, jusqu'au retour des températures clémentes qui lui permettent à nouveau de cultiver à l'extérieur.

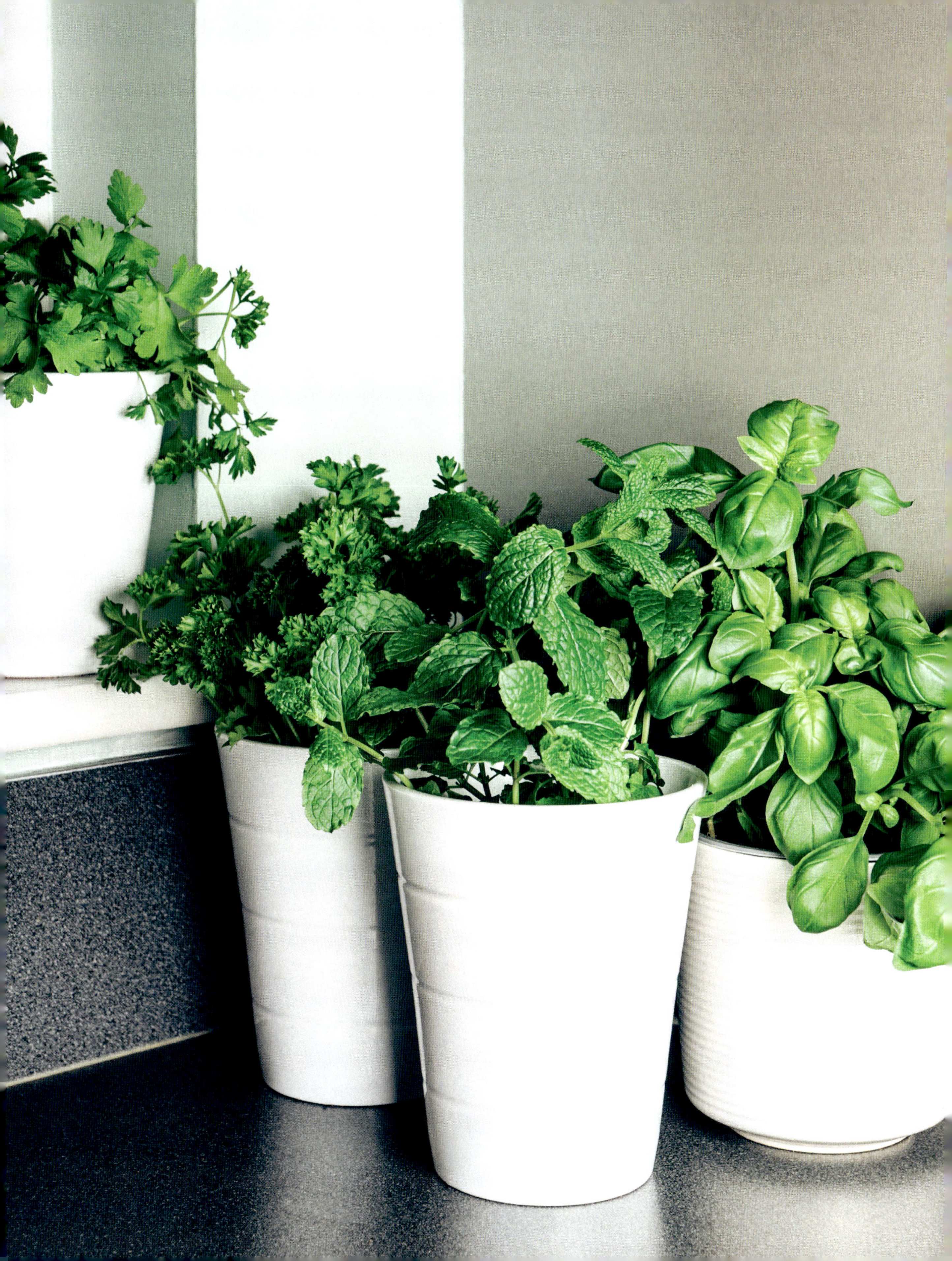

Les avantages de cultiver à l'intérieur en hiver

Ce qui enchante Marie-Christine dans le fait de cultiver des légumes pendant l'hiver, c'est avant tout de pouvoir profiter de pousses fraîches à l'année. «Ça me permet aussi d'éviter le gaspillage. Lorsque j'achète de la laitue, des épinards ou des fines herbes à l'épicerie, je n'arrive pas toujours à tous les consommer avant de les perdre. Avoir mes plants à l'intérieur me permet de récolter uniquement la quantité dont j'ai besoin au fur et à mesure.» L'objectif n'est pas d'atteindre une autosuffisance alimentaire, admet-elle, mais plutôt de savoir un peu plus d'où proviennent les aliments qu'elle consomme et de verdir son environnement.

Les cultures intérieures, c'est pour qui?

Marie-Christine est d'avis que les cultures intérieures s'adressent à tout le monde, à condition d'avoir la motivation nécessaire. «Si on n'a pas beaucoup d'espace, il existe des ensembles qui peuvent tenir sur une petite tablette dans le salon. Si on n'a pas beaucoup de temps, on se tourne vers des accessoires pour l'arrosage automatique. Et si on n'a pas trop le pouce vert, on commence par choisir des cultures plus faciles comme les verdures et micropousses.»

Le matériel nécessaire

En plus des ampoules ou néons pour plantes et aquariums, dont on ne peut se passer, Marie-Christine recommande d'investir dans un minuteur pour la lumière. «Autrement, je ne pense pas qu'il y a de technique ou de matériel idéal. Tout dépend de l'espace qu'on a, de ce qu'on veut faire pousser et de notre motivation!»

LUMIÈRE ROUGE OU BLEUE?

Les rayons lumineux apportent différents bienfaits aux plantes selon leur place sur le spectre de la lumière. Une lumière bleue (froide) sera bénéfique pour la croissance de feuillages (laitues, épinards, roquette, etc.), alors qu'une lumière plus rouge (chaude) aidera à la pousse des fruits. Gardez donc vos objectifs de pousse en tête lors de l'achat de vos néons! Et pour profiter du meilleur des deux mondes, optez pour un néon de chaque type.

Le meilleur endroit pour les cultures à l'intérieur

Bien entendu, l'idéal est de miser sur une pièce lumineuse et aérée, qui nous permet d'avoir à proximité nos cultures intérieures, histoire de pouvoir les surveiller et les entretenir au quotidien. Pourtant, Marie-Christine a fait tout le contraire. « J'ai fait le choix d'installer mes cultures intérieures au sous-sol pour des raisons purement esthétiques. La lumière des ampoules pour plantes est assez agressante dans un salon, ce qui n'est pas idéal pour les soirées cinéma, par exemple. Il est possible de trouver du matériel qui s'agence à notre déco, mais il faut généralement y mettre le prix. »

Les défis

Au début, ce qui était le plus difficile pour Marie-Christine, c'était de se rappeler d'aller allumer et éteindre la lumière tous les jours, pour offrir à ses plants environ 8 heures de luminosité quotidienne. Pour contrer ce problème, elle a investi dans un minuteur.

Qui plus est, puisque ses cultures intérieures sont placées dans une pièce peu utilisée du sous-sol, elle doit se rappeler de les arroser de temps en temps. « L'arrosage tous les jours n'est pas toujours nécessaire si les pots sont assez gros et qu'il n'y a pas trop de vent ni de lumière. Mais si on n'a pas un horaire assez régulier, il est facile de les oublier trop longtemps ! »

Finalement, puisque Marie-Christine utilise peu son sous-sol, elle le chauffe moins. Par conséquent, pour conserver la chaleur dans la pièce où elle cultive ses légumes, elle garde celle-ci fermée pendant l'hiver. « Je dois donc m'assurer qu'il y a une bonne aération pour éviter la moisissure. Un ventilateur permet à la fois d'aérer et de simuler la brise du vent, qui est essentielle pour renforcer la tige des plants. C'est surtout important pour les semis qui seront ensuite plantés à l'extérieur », explique-t-elle.

Les cultures faciles

Selon Marie-Christine, la culture de verdures comme la laitue, les épinards et la roquette est préférable pour les débutants, puisque ces plantes poussent vite et sont favorables à la plantation de semis successifs pour une récolte en continu. Elles ont aussi des besoins en luminosité et en arrosage beaucoup moins grands que les légumes-fruits (tomates, courgettes, poivrons, etc.). À son avis, les oignons verts et les micropousses sont également des cultures idéales pour commencer. « J'aime aussi faire repousser les retailles d'oignons verts, de poireaux, de laitue et de céleri. Je les mets dans l'eau et lorsque des racines sont formées, je les transplante dans un pot rempli de terreau. »

Les cultures difficiles

Marie-Christine avoue avoir rarement cultivé de gros légumes comme les tomates ou les courges à l'intérieur, puisque ces derniers demandent beaucoup d'espace et d'entretien. « J'ai déjà essayé de cultiver des choux rouges à l'intérieur, mais ils n'ont jamais fini par atteindre une bonne taille. Autrement, j'ai parfois plus de difficulté à garder mes plants de fines herbes longtemps. Dès que je les néglige le moindrement, ils en profitent pour faire des fleurs et monter en graines. C'est le début de la fin ! »

Marie-Christine insiste toutefois sur l'importance d'oser faire des expériences. « N'ayez pas peur de vous lancer ! Au pire, vous perdrez quelques semences et recommencerez ! Il n'y a pas juste le résultat qui compte, le plaisir dans le processus est aussi important ! »

Les germinations et les micropousses

Très économiques, hautement intéressantes sur le plan nutritif et on ne peut plus simples à réussir, les germinations et les micropousses sont à la portée de tous. D'ailleurs, leur culture est toute désignée pour s'initier à l'autosuffisance alimentaire. Vous découvrirez dans les pages suivantes une mine d'informations pour réussir cette pratique avec brio.

Les germinations, c'est quoi ?

Les germinations sont tout simplement des graines de végétaux que l'on convie à un séjour dans l'eau dans le but de les faire germer. Les graines les plus fréquemment utilisées pour les germinations sont la luzerne, le trèfle rouge, le fenugrec, le haricot adzuki, le haricot mungo, le fenouil, la carotte et le pois chiche. Les germinations sont en quelque sorte elles-mêmes autosuffisantes, en ce sens où elles n'utilisent que les nutriments déjà présents dans la graine pour croître : nul besoin de leur offrir de terreau ou de fertilisant. Pendant la germination de ces graines, une réaction chimique se produit et engendre l'accroissement des taux de vitamines A, B, C et E et d'antioxydants, ainsi que des taux de protéines, de fibres alimentaires et de minéraux. Le taux de vitamines et d'antioxydants peut quadrupler et même quintupler, voire plus dans certains cas. Enfin, comme par magie, certaines vitamines absentes des graines apparaissent lors de la germination. Pour toutes ces raisons, le stade de germination de la plupart de végétaux est sans contredit celui qui s'avère le plus nutritif.

Le matériel nécessaire

Bien que de nombreux modèles de germoirs commerciaux à étages multiples aient fait leur apparition sur le marché dans les dernières années, il n'est absolument pas obligatoire d'investir dans ce type de gadget pour profiter de germinations dignes de ce nom. En fait, mis à part les graines, vous avez probablement à la maison tout ce dont vous aurez besoin pour cultiver les germinations, soit :

▶ Un pot de type Mason ;

▶ Un petit morceau de moustiquaire ou de coton à fromage propre qui servira de filtre ;

▶ Une bague de pot de type Mason (partie qui sert à visser le couvercle) ou un simple élastique pour tenir le filtre en place sur le contenant ;

▶ Un bol pour maintenir le pot à une inclinaison de 45 degrés, ou un support à germination conçu à cet effet ;

▶ Des graines à germer.

ATTENTION
Le MAPAQ déconseille la consommation de germinations et de micropousses non cuites aux enfants de moins de 5 ans !

Photos germinations : Shutterstock

COMMENT PROCÉDER ?

1 À l'aide d'un tamis, rincez la quantité de graines désirée afin d'en extraire la poussière ou toute particule indésirable.

2 Versez deux ou trois épaisseurs de graines dans le fond du pot, puis remplissez ce dernier d'eau à température ambiante jusqu'aux deux tiers. Fixez le filtre sur le pot à l'aide de la bague (ou de l'élastique), puis placez le pot à l'abri de la lumière directe. Les graines doivent tremper dans l'eau et gonfler jusqu'à doubler de taille. Cette étape prendra de 4 à 12 heures selon la variété de graines et, surtout, selon la température de la maison. La température ambiante idéale pour cette étape varie de 21 à 27 °C (de 70 à 81 °F). Plus les graines sont maintenues au chaud, plus ce processus sera rapide.

3 Renversez le pot au-dessus de l'évier de sorte que le filtre retienne les graines, mais laisse l'eau s'écouler. Rincez ensuite les graines sous l'eau froide, et renversez le pot une seconde fois au-dessus de l'évier pour vider l'eau. Les graines doivent demeurer humides, mais il ne doit pas y avoir de l'eau dans le fond du pot. Inclinez le pot à environ 45 degrés, l'ouverture vers le bas, de façon à ce que l'eau s'écoule, mais que l'air circule, puis placez-le à l'abri de la lumière directe. Rincez ensuite vos germinations deux fois par jour, jusqu'à ce qu'elles soient suffisamment germées, en prenant soin de redonner au pot un angle de 45 degrés entre chaque rinçage. Les graines mettront de 2 à 7 jours pour germer. Les petites radicelles blanches qui apparaîtront sont normales. Toutefois, si de la mousse (moisissure) ou des odeurs très fortes surgissent, vous devrez jeter vos germinations.

4 Rincez abondamment vos germinations une dernière fois, puis essorez-les avant de les ranger au réfrigérateur dans un contenant hermétique. Vous devrez consommer vos germinations dans la semaine suivante.

Les micropousses, c'est quoi ?

Les micropousses sont de jeunes pousses ayant germé, puis poussé dans un terreau ou encore sur un tapis de chanvre compostable. Différents types de graines (céréales, légumes, légumineuses, herbes aromatiques) peuvent être utilisées pour les micropousses, mais les plus fréquemment cultivées sont le tournesol, le cresson, la roquette, le brocoli, le kale, le fenouil, le fenugrec, le radis, le maïs, le sarrasin, la coriandre, la betterave, le pois mange-tout et la moutarde. En règle générale, les micropousses sont prêtes à être récoltées au bout d'environ 2 à 3 semaines, parfois plus, une fois que les cotylédons (deux premières fausses feuilles) sont bien déployés. Les micropousses ont une densité nutritive impressionnante : elles renferment plus de vitamines, de minéraux, de protéines et d'antioxydants que leurs homologues arrivés à maturité.

Le matériel nécessaire

Il existe désormais sur le marché des ensembles contenant tout le nécessaire pour s'adonner à la culture des micropousses à la maison. Or, si vous possédez déjà un ensemble à semis, vous pouvez très bien utiliser ce dernier pour la culture des micropousses. Autrement, vous pouvez aussi utiliser des contenants recyclés, à condition qu'ils soient munis d'un couvercle transparent de style dôme, par exemple un contenant à poulet rôti ou une barquette de croissants.

Vous aurez aussi besoin :

▸ De terreau de qualité ou un tapis de croissance en chanvre compostable ;

▸ D'un vaporisateur ;

▸ D'une lampe à semis fluorescente ;

▸ De graines à micropousses.

Photos assiettes de micropousses et micropousses au bord de la fenêtre : Shutterstock

COMMENT PROCÉDER ?

1 Si vos semences nécessitent un trempage, suivez les indications du fabricant pour procéder.

2 **Culture dans un terreau :** étalez dans le fond du plateau à semis une couche de terreau d'environ 2,5 cm (1 po), puis humidifiez-le à l'aide d'un vaporisateur.

OU

Culture sur tapis de chanvre : déposez le tapis de chanvre dans le fond du plateau à semis, puis humidifiez-le à l'aide d'un vaporisateur.

3 Déposez les graines assez densément sur le terreau ou sur le tapis de chanvre, en veillant à ce que ces dernières ne se superposent pas. Si vous cultivez dans un terreau, saupoudrez une mince couche de terreau par-dessus les graines. Placez le dôme sur le plateau.

4 Contrairement aux germinations qui ne doivent pas être soumises à un éclairage direct, les micropousses ont quant à elles besoin d'un éclairage important. Placez-les donc sur le rebord d'une fenêtre qui profite des rayons du soleil une bonne partie de la journée, ou sous une lampe à semis fluorescente. En hiver, lorsque l'ensoleillement chute sous la barre des 10 heures par jour, il est préférable de placer les germinations sur le rebord de la fenêtre et d'ajouter une lampe à semis fluorescente.

5 Vaporisez de l'eau d'une à deux fois par jour sur les micropousses durant toute la durée de leur croissance.

6 Coupez les micropousses à la base des tiges lorsque les cotylédons sont bien déployés, puis compostez le terreau ou le tapis de chanvre.

7 Rincez vos micropousses, puis essorez-les avant de les placer dans un contenant hermétique au réfrigérateur. Vous devrez consommer vos micropousses dans la semaine suivante.

OÙ TROUVER LES GRAINES ?

Vous trouverez des graines spécialement conçues pour les germinations et les micropousses dans les magasins d'aliments naturels, les épiceries en vrac et les centres jardin. Il existe même des mélanges de graines à germer variées, lesquels sont exclusivement constitués de graines ayant la même durée de germination. Notez bien qu'il est déconseillé d'utiliser des semences à potager ordinaires provenant du commerce, puisque ces dernières sont souvent enrobées de pesticides ou de fongicides.

PRÉCAUTIONS À PRENDRE

Les processus de culture de germinations et de micropousses s'avèrent propices au développement de certaines bactéries, comme l'*E. coli* et la salmonellose. Pour éviter tout risque de contamination, il est primordial de miser sur des semences conçues pour la germination et les micropousses, puisque les semenciers en assurent généralement l'innocuité. Le lavage des mains, la stérilisation du matériel utilisé et le rinçage des micropousses et des germinations sont fortement recommandés. Enfin, sachez qu'il est déconseillé de réutiliser le tapis de chanvre et le terreau ayant servi à la culture des micropousses.

La culture des champignons à l'intérieur

Depuis sa demeure située à Saint-Rédempteur, sur la Rive-Sud de Québec, Mélisa Lesquir s'adonne à un passe-temps qui a de quoi piquer la curiosité du grand public : la culture des champignons à l'intérieur. Bien qu'elle ait déjà expérimenté ce type de culture à partir d'un ensemble « tout prêt à pousser » il y a quelques années, ce n'est qu'au printemps dernier qu'elle a enfin décidé de se lancer dans la production de champignons.

Si le travail, les enfants et les voyages se sont avérés chronophages ces dernières années, le temps libre dont disposait Mélisa lors du confinement au printemps 2020 a servi de bougie d'allumage pour ce nouveau passe-temps qu'elle n'entend pas délaisser de sitôt. « J'ai toujours été passionnée par les champignons. Mon père, un Français, et ma mère, une adepte de la nourriture santé, m'ont inculqué l'importance de miser sur des aliments frais, et m'ont initiée à la cueillette des champignons dans les bois et dans les champs. Enfant, j'adorais cette pratique, mais à l'âge adulte, je me suis mise à craindre d'aller les cueillir sans eux, de peur de confondre les variétés comestibles et non comestibles. Je trouve la culture des champignons à la maison très sécuritaire, puisque nous achetons les spores que nous voulons pour obtenir le champignon désiré », explique Mélisa.

Épicurienne dans l'âme, Mélisa entrevoit aussi la culture des champignons à la maison comme une façon de profiter d'une grande sélection de champignons frais à longueur d'année. « J'aime cultiver des champignons pour avoir accès à une grande variété quand je le veux, et ce, sans avoir à me déplacer. Mais surtout, j'apprécie la fraîcheur des champignons, que l'on ne retrouve pas sur les étagères des épiceries. De plus, à l'épicerie, les champignons frais sont souvent les mêmes variétés communes, et s'il y a d'autres variétés, elles sont séchées », renchérit-elle.

Les avantages de cultiver les champignons à l'intérieur

Si Mélisa a choisi de cultiver ses champignons à l'intérieur plutôt qu'à l'extérieur, c'est en premier lieu pour mieux contrôler leur environnement. « À l'extérieur, on est à la merci de dame Nature, c'est plus difficile à mon avis de contrôler l'humidité, l'oxygène et la température. Sans compter qu'en choisissant la culture à l'intérieur, on peut cultiver les champignons à l'année, à condition bien sûr que la pièce dans laquelle ils se trouvent soit chauffée. »

Le matériel nécessaire

Cultiver des champignons à l'intérieur nécessite moins de matériel que l'on pourrait croire. « Personnellement, j'utilise un bloc de mycélium (partie végétative des champignons), une petite serre en plastique ou en verre munie de tablettes, un vaporisateur pour arroser l'intérieur de la serre, un bol d'eau et un hydromètre. » Les installations nécessaires à la culture des champignons à l'intérieur ne requièrent donc pas beaucoup d'espace dans la maison. Ce qui importe avant tout, c'est d'offrir aux champignons les conditions propices à leur culture. « Il faut choisir une pièce de la maison tempérée, mais où il n'y a pas trop de luminosité. Moi, je les cultive dans mon bureau de travail. S'il devient trop ensoleillé, je ferme simplement le rideau », raconte Mélisa.

La routine d'entretien

Les différentes variétés de champignons mettent en moyenne 14 jours à pousser. « Pendant cette période, il faut être présent matin et soir pour arroser la serre avec un vaporisateur, s'assurer que l'humidité est toujours assez élevée sur l'hydromètre et aussi, laisser entrer un peu d'oxygène à l'occasion. Ce n'est pas très compliqué, il suffit de suivre les instructions sur les feuilles que l'on reçoit avec les blocs de mycélium par la poste. Il faut veiller à ne pas trop humidifier les champignons, et à ne pas trop laisser entrer de lumière dans la pièce », conclut-elle.

Où se procurer le mycélium ?

Il est désormais possible de commander en ligne des trousses de départ complètes pour la culture des champignons. Une seule trousse de culture peut engendrer jusqu'à quatre récoltes, pour un total de 680 g (1 ½ lb) de champignons. D'après son expérience personnelle, Mélisa recommande de privilégier les shiitakes et les pleurotes pour s'initier à la culture des champignons à l'intérieur. La culture des enokitakes et des pleurotes roses nécessite à son avis un peu plus d'expérience.

Ces légumes qui repoussent tout seuls

Certains légumes, fines herbes et aromates repoussent après avoir été cueillis ou coupés, à condition d'avoir été placés sur le rebord d'une fenêtre, dans de l'eau ou encore dans un contenant rempli de terreau. Si vous avez une lumière à semis à la maison, vous pouvez même vous en servir pour faire repousser vos légumes tout l'hiver. Bien qu'il ne faille pas s'attendre à en tirer des récoltes très abondantes, il vaut assurément la peine de s'adonner à cette pratique pour tirer le maximum de notre potager ou de nos achats. Les conseils qui suivent vous assureront des résultats satisfaisants.

> Si vous transférez les plants dans un contenant rempli de terreau, assurez-vous que celui-ci est muni de trous de drainage pour permettre à l'excédent d'eau de s'échapper entre les arrosages. Cela évitera le pourrissement des racines.

Ail

Les gousses d'ail ayant germé peuvent être replantées dans un petit pot rempli de terreau, ou encore déposées dans un contenant en verre dont le fond est couvert d'eau. Dans les deux cas, il convient de placer la gousse de manière à ce que l'extrémité pointue soit dirigée vers le haut. Lorsque le germe bénéficiera des rayons du soleil, il s'étirera jusqu'à former de longues feuilles d'ail d'un vert tendre. Ces dernières peuvent être ciselées et ajoutées à n'importe quelle recette en remplacement des oignons verts, de la ciboulette ou de la fleur d'ail. Notez que l'été, il est aussi possible de planter les gousses d'ail ayant germé dans le potager pour profiter de feuilles d'ail encore plus généreuses.

Céleri

Les pieds de céleri peuvent être tranchés à 5 cm (2 po) de la base, puis déposés dans un contenant de verre dont le fond est couvert d'eau. Au bout de quelques jours, de petites racines blanches se formeront sous la base du pied, et, après quelques semaines, vous verrez apparaître au centre du pied de nouvelles tiges et de nouvelles feuilles de céleri. Changez l'eau dès qu'elle jaunit, et rajoutez-en si le niveau baisse. Les pieds de céleri ainsi conservés produiront de nouvelles tiges et feuilles pendant un ou deux mois. Pour maximiser la production, lorsque les racines mesurent environ 2 cm (¾ de po), transférez le céleri dans un contenant rempli de terreau. De cette façon, le pied de céleri profitera des minéraux présents dans le terreau et produira des tiges et des feuilles pendant quatre ou cinq mois. Les pieds de céleri en pots peuvent être sortis dehors pendant l'été, et même transférés au potager.

Basilic et menthe

Le basilic et la menthe font partie des fines herbes que l'on peut très facilement bouturer dans le but de les faire repousser lorsqu'ils commencent à s'étioler. S'il s'agit de caissettes de fines herbes du commerce, prenez d'abord soin de changer de contenant et de leur offrir du terreau de qualité. En plus d'être privées de minéraux essentiels, faute de profiter d'un bon terreau, les fines herbes en caissettes du commerce ne disposent généralement pas de suffisamment d'espace pour continuer à produire de nouvelles pousses. Dans tous les cas, les têtes de basilic et de menthe qui commencent à s'étioler peuvent être coupées, puis déposées dans un contenant en verre dont le fond est rempli d'eau. Lorsque de nouvelles racines apparaîtront sur les tiges, replantez-les au pied des plantes mères, ou transplantez-les dans de nouveaux contenants remplis de terreau.

Poireau

Les pieds (partie blanche) des poireaux tranchés à environ 3,5 cm (1 ½ po) de la base peuvent être déposés dans un contenant de verre dont le fond est couvert d'eau. Un système racinaire apparaîtra rapidement sous la base du pied. Vous devrez rincer ce dernier sous l'eau froide et changer l'eau environ une fois par semaine jusqu'à ce que le centre du poireau recommence à pousser. Lorsque le centre du poireau aura recommencé à pousser et que les racines mesureront environ 5 cm (2 po), il sera préférable de transplanter le poireau dans un contenant rempli de terre ou, mieux encore, dans le potager (en été).

Fanes de carottes

Il est possible de faire repousser les fanes (feuilles) des carottes, lesquelles sont comestibles, à partir des extrémités des carottes. Il suffit de trancher les extrémités à 2 cm (¾ de po) et de les déposer dans un contenant en verre ou en plastique transparent dont le fond est couvert de 1 cm (environ ⅓ de po) d'eau. On place ensuite un couvercle ou une pellicule plastique sur le contenant pour créer un effet de serre rappelant le climat printanier, puis on change l'eau tous les deux ou trois jours pour éviter le pourrissement des carottes ou la formation d'algues. De jeunes feuilles devraient émerger après environ une semaine, mais cela peut varier selon le degré de maturation des carottes. Coupez les fanes et utilisez-les en remplacement du persil dans vos recettes.

Laitues, chou chinois et bok choy

La base des laitues romaine, des choux chinois et des bok choys tranchée à environ 5 cm (2 po) peut être déposée dans un contenant de verre dont le fond est couvert d'eau. Au bout d'environ une semaine, de nouvelles feuilles feront leur apparition au centre de la base. Vous pourrez ainsi tailler les jeunes feuilles au fur et à mesure qu'elles pousseront. Idéalement, prenez soin de changer l'eau tous les jours: vous éviterez ainsi que la base des laitues pourrisse. Au bout de quelques semaines, il est probable que les nouvelles pousses commencent à développer une certaine amertume. Pour mieux les apprécier, ajoutez-les avec modération à vos salades et sandwichs.

Photo carotte dans une assiette: Shutterstock

Oignon vert

Les pieds (partie blanche) des oignons verts tranchés à environ 3,5 cm (1 ½ po) de la base peuvent être déposés dans un contenant de verre dont le fond est couvert d'eau. De petites racines blanches apparaîtront très rapidement sous la base du pied, après quoi la partie verte de l'oignon vert recommencera à pousser. En les conservant uniquement dans l'eau, la partie verte repoussera, mais elle sera relativement frêle et d'un vert tirant sur le jaune. Or, si vous les transplantez dans un contenant rempli de terreau lorsque les racines mesurent environ 2 cm (¾ de po), les oignons verts retrouveront leur couleur et leur taille originale. Pour maximiser leur production, taillez la partie verte une fois qu'elle est bien garnie. L'été, il est possible de sortir les oignons verts en pots ou de les transplanter au potager.

Fenouil

Les bulbes de fenouil tranchés à environ 5 cm (2 po) de la base peuvent être déposés dans un contenant de verre dont le fond est couvert d'eau. Laissez le bulbe dans l'eau jusqu'à l'apparition de petites racines blanches sous la base du bulbe. D'ici à ce que les racines apparaissent, changez l'eau dès qu'elle jaunit, et rajoutez-en si le niveau baisse. Une fois les racines bien apparentes, il est préférable de transférer le bulbe dans un petit pot rempli de terreau. Rapidement, de nouvelles pousses de fenouil garnies de feuilles surgiront sur les côtés du bulbe. Si vous souhaitez transférer plusieurs bulbes de fenouil au potager, laissez au moins 20 cm (8 po) entre chaque plant. Veillez aussi à maintenir le sol humide, puisque le fenouil boit beaucoup et rapidement.

Citronnelle

Les bâtons de citronnelle frais tranchés à environ 2,5 cm (1 po) de la base peuvent être déposés dans un contenant de verre dont le fond est couvert d'eau. Laissez la base des bâtons dans l'eau jusqu'à l'apparition de petites racines blanches sous la base. Advenant que vous les conserviez uniquement dans l'eau, les bâtons repousseront en hauteur, mais finiront par manquer de minéraux. Vous obtiendrez de meilleurs résultats en les transplantant dans un contenant rempli de terreau lorsque les racines atteindront au moins 5 cm (2 po). La citronnelle étant une plante aromatique d'origine tropicale, veillez à lui offrir un maximum de luminosité et à la protéger des courants d'air frais. L'été, à condition que le sol soit bien réchauffé, il est possible de transplanter les bâtons de citronnelle ayant produit de nouvelles racines directement dans le potager.

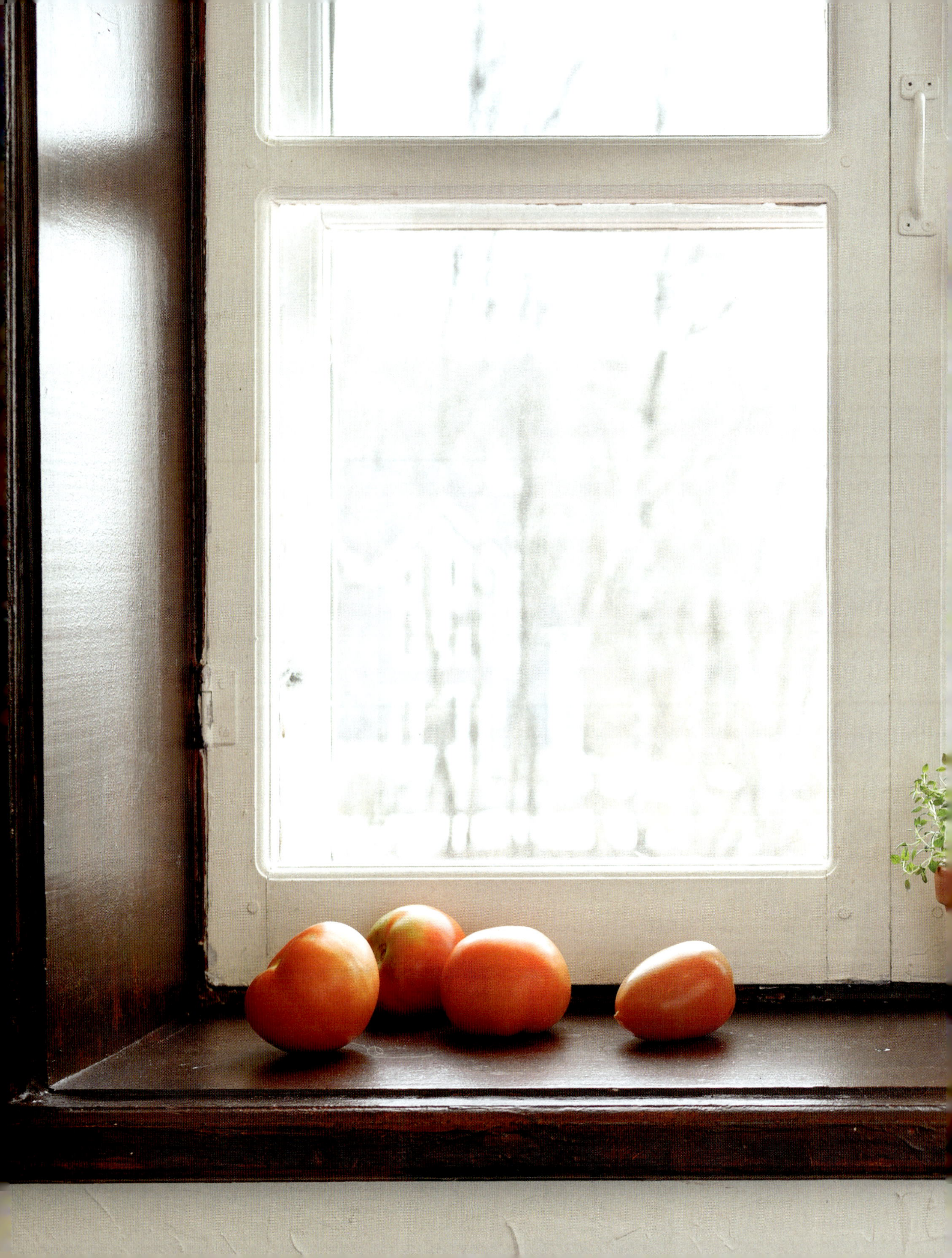

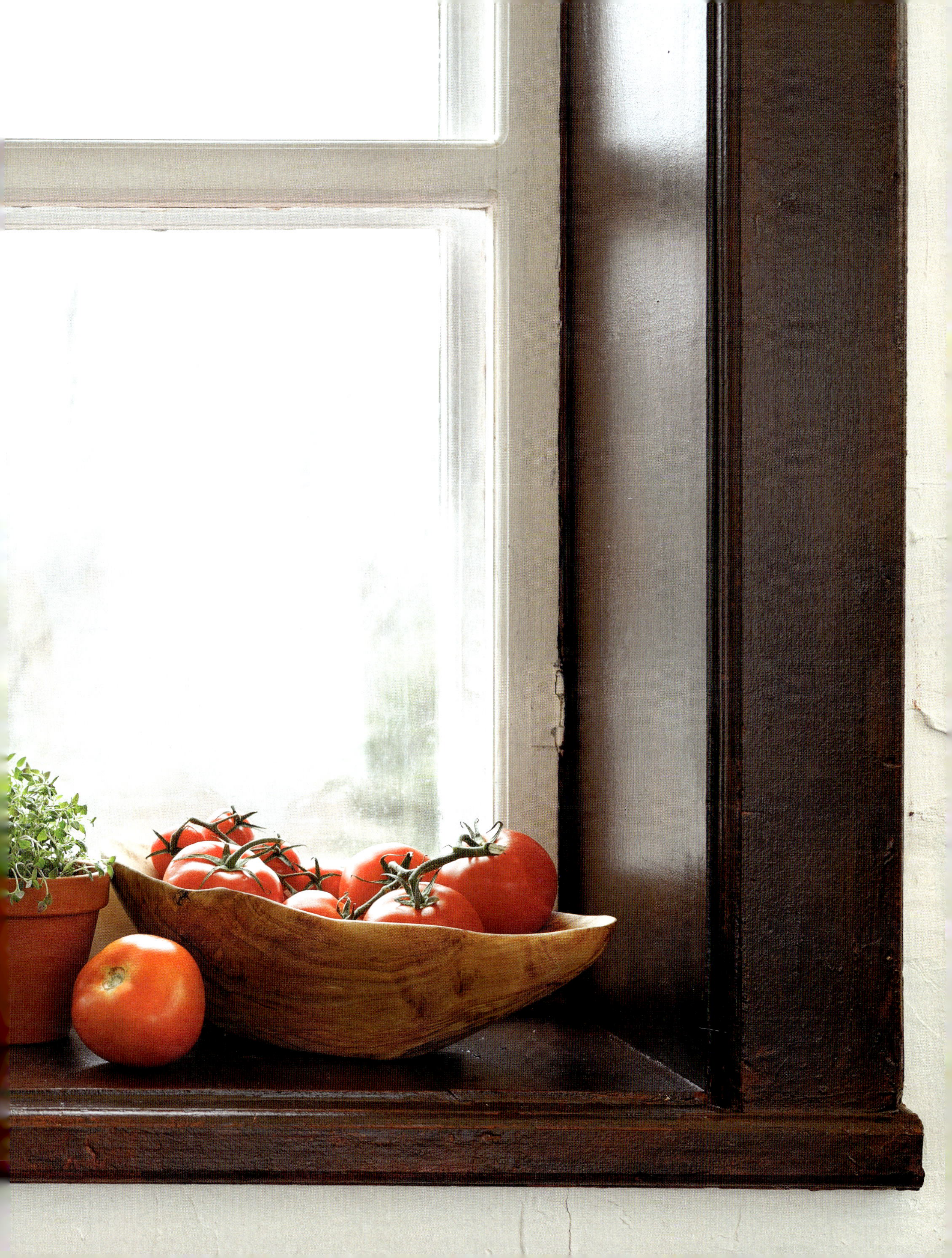

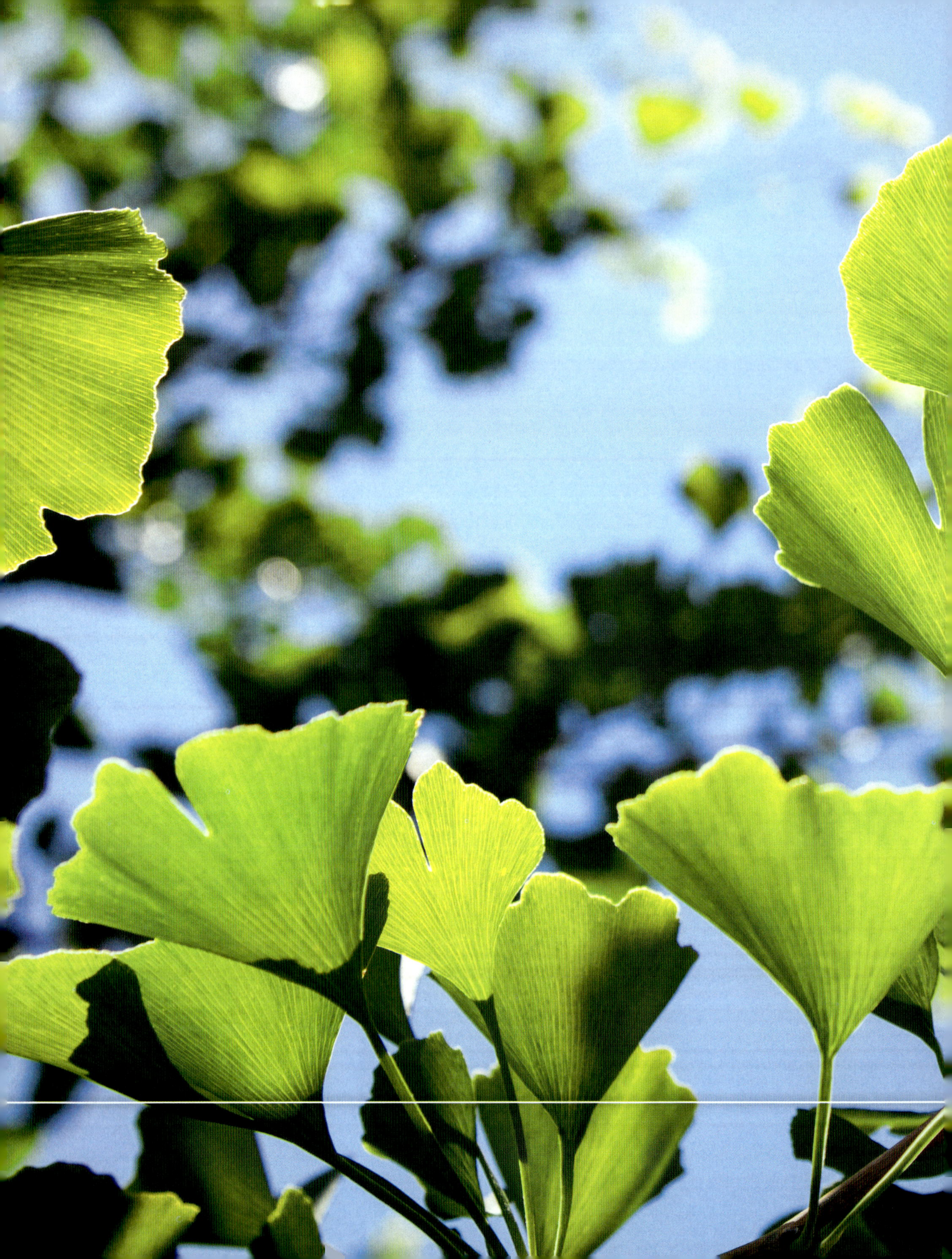

PRINTEMPS

Enfin, la nature se réveille !

Il n'y a rien de plus satisfaisant que de voir la nature reprendre ses aises après les longs mois d'hiver. Pour les jardiniers, l'arrivée du printemps signifie le début des préparatifs en prévision de la saison !

Que vous en soyez à votre premier potager ou que vous ayez déjà plusieurs années d'expérience, les informations suivantes vous permettront de faire les bons choix et d'adopter les bonnes techniques en vue de profiter de récoltes abondantes.

Choisir ses plantes potagères en fonction de leurs besoins en ensoleillement

Sous-estimer les besoins en ensoleillement des végétaux fait certainement partie des erreurs les plus fréquentes chez les nouveaux jardiniers. Cela dit, ceux qui ne bénéficient que de quelques heures d'ensoleillement par jour peuvent tout à fait cultiver des plantes potagères, à condition de miser sur celles pouvant tolérer l'ombre ou la mi-ombre. Marie-Hélène Dubé, qui travaille au sein d'un organisme dont la mission est de développer une agriculture productive et accessible adaptée au contexte urbain, partage avec vous quelques notions qui vous aideront à y voir plus clair.

> « Chaque plante a ses besoins propres :
> il faut s'assurer de se renseigner à leur sujet
> lorsqu'on décide de notre plan de jardin. »
> – Marie-Hélène Dubé

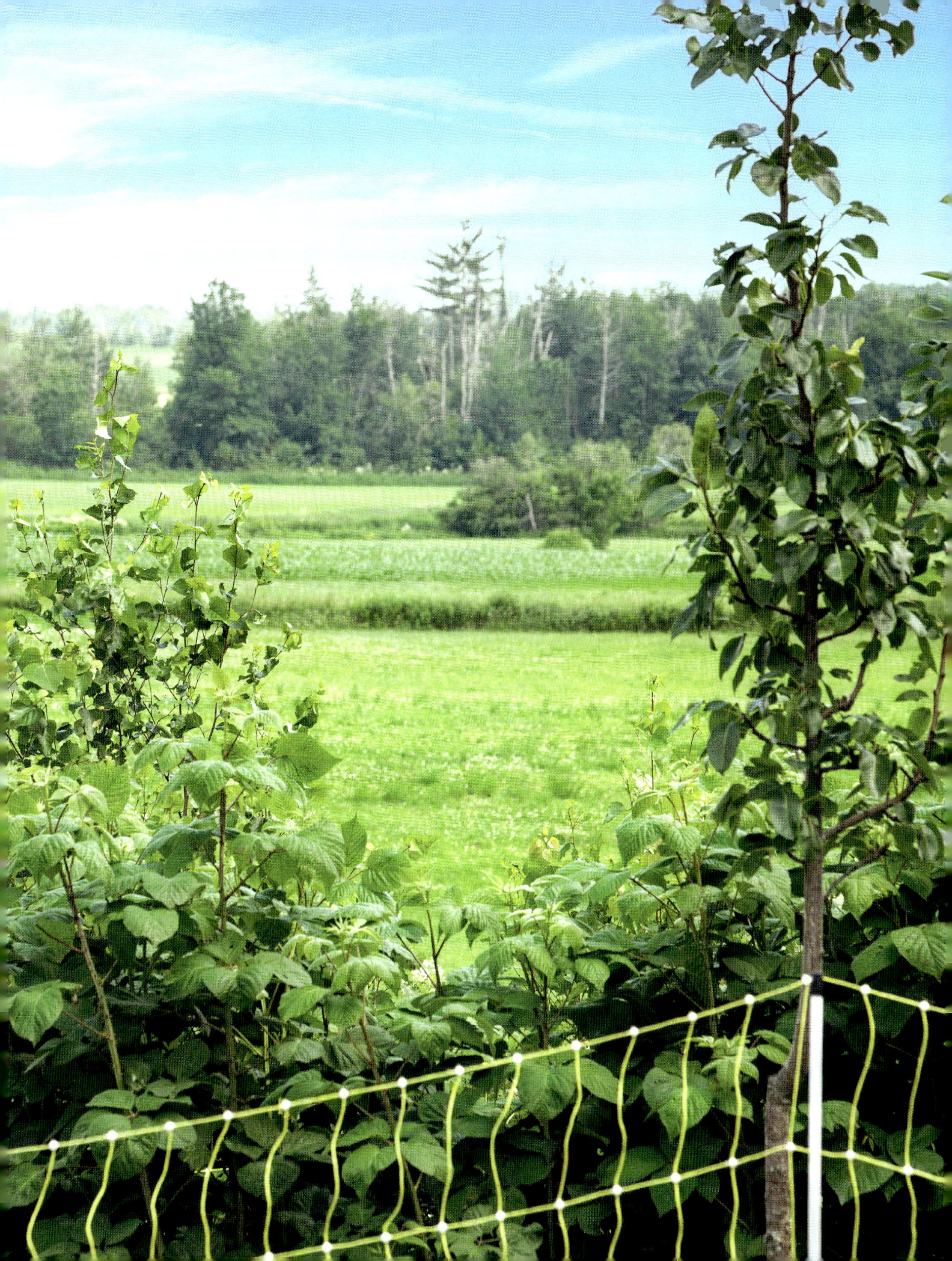

Ombre, mi-ombre ou plein soleil ?

En vous attardant aux fiches techniques des plantes potagères, vous verrez les mentions « ombre », « mi-ombre » ou « plein soleil ». Dans le jargon des jardiniers, une zone ombragée est une zone qui reçoit moins de 4 heures de soleil par jour en moyenne, alors qu'une zone de mi-ombre en est une qui en reçoit entre 4 et 6 heures par jour. Une zone qui reçoit plus de 6 heures de soleil par jour est quant à elle considérée comme une zone de plein soleil.

« Il n'y a pas vraiment de "légumes d'ombre" au sens où ils n'aimeraient pas être au soleil », nuance Marie-Hélène. « C'est plutôt qu'ils tolèrent un nombre moins élevé d'heures d'ensoleillement. Cependant, il est vrai que certaines variétés, comme les laitues, les épinards et les bok choys, préfèrent les températures plus fraîches. En plein soleil au milieu de l'été, ces dernières vont vouloir se reproduire plus rapidement et monteront en graines. À moins de vouloir conserver les semences, c'est donc moins intéressant pour le jardinier, car les feuilles deviennent alors très amères. »

À l'inverse, beaucoup de légumes – et particulièrement les légumes-fruits, comme les tomates, les poivrons et les courges – ont besoin d'un nombre élevé d'heures d'ensoleillement par jour pour bien développer leurs fruits et les mener à maturité. « La lumière du soleil, c'est la source d'énergie de la plante. Pensez à votre plant de tomates comme à une femme enceinte : il porte des bébés et a besoin de plus d'énergie pour les mener à terme », conclut Marie-Hélène.

RAPPEL

Ombre = 4 heures de soleil et moins
Mi-ombre = de 4 à 6 heures de soleil
Plein soleil = 6 heures de soleil et plus

Les plantes potagères qui tolèrent l'ombre

Les plantes potagères qui tolèrent le mieux l'ombre sont celles dont on ne consomme que le feuillage : la bette à carde, le chou kale, l'épinard, le bok choy, le tatsoï, la roquette, la mâche, les laitues et les choux. Grâce à leurs grandes feuilles vertes, elles sont capables de capter davantage de lumière pour leur photosynthèse.

Les plantes potagères qui tolèrent la mi-ombre

Les plantes potagères qui tolèrent le mieux la mi-ombre sont le radis, le navet, la betterave, les pois et les haricots. Du côté des fines herbes, on mise sur la menthe, le persil, la coriandre, la ciboulette, l'origan et la mélisse. Certains arbustes, comme les cassissiers et les framboisiers, sont aussi de bonnes options pour les zones mi-ombragées.

Attention : la menthe et les framboisiers étant très envahissants, il vaut mieux les cultiver en pots !

Adapter ses techniques de culture en zone ombragée

Puisqu'il fait moins chaud dans les zones ombragées, il y a moins d'évaporation. Il faut donc nécessairement adapter l'arrosage en conséquence, c'est-à-dire arroser moins souvent que dans une zone ensoleillée. « C'est particulièrement important d'en tenir compte si on utilise un système d'irrigation automatisé. Si une partie de notre jardin est en plein soleil et que l'autre est à la mi-ombre, il peut être intéressant de dissocier leur arrosage, peut-être en arrosant la zone ombragée à la main pour donner suffisamment d'eau à nos légumes de soleil sans noyer nos feuillages à l'ombre », suggère Marie-Hélène.

Qui plus est, étant donné qu'il y a moins d'évaporation dans les zones ombragées, il n'est pas toujours nécessaire d'appliquer du paillis pour maintenir l'humidité du sol. « Cela dit, le vent est aussi un facteur d'évaporation important, et il peut aussi bien souffler à l'ombre qu'au soleil ! Il faut savoir que le paillis sert aussi à réduire le désherbage, l'érosion du sol et la compaction sous l'effet de la pluie. Si l'arrosage est bien dosé, on peut donc conserver le paillis à l'ombre, mais il faudra le retirer si on n'arrive jamais à assécher la zone », prévient-elle.

Finalement, si on cultive principalement en zones d'ombre, et non de mi-ombre, on peut miser sur la chaleur pour compenser en partie le manque de soleil. On peut donc penser à utiliser des tunnels, des mini-serres ou des couvertures flottantes pour créer un petit effet de serre.

Les zones de rusticité

Avant d'arrêter votre choix sur certaines plantes potagères vivaces (bleuetier, fraisier, framboisier, kiwi arctique, menthe, estragon, ciboulette, etc.), vous devez vous assurer que ces dernières sauront résister aux conditions hivernales de votre région. Pour cela, il suffit de vous référer à la zone de rusticité minimale que peut tolérer chaque vivace, laquelle est généralement indiquée sur l'emballage des jeunes plants ou sur l'enveloppe des semences.

La carte de rusticité est divisée en dix zones, allant de 0 à 9. Plus le chiffre est petit, plus l'hiver y est froid. En zone 0, la culture est tout simplement impossible. À l'inverse, plus le chiffre est élevé, plus l'hiver y est doux. Aux chiffres s'ajoutent ensuite des sous-zones, illustrées par les lettres « a » (plus froid) et « b » (moins froid).

Par exemple, la ville de Québec étant zonée 4b, on peut y cultiver sans problème toutes les plantes cultivables dans cette zone ainsi que dans toutes les zones inférieures à 4b : 4a, 3a, 3b, 2a, 2b, 1a et 1b. Avant de choisir vos plantes potagères, trouvez donc votre zone de rusticité à l'aide de la carte ci-dessous.

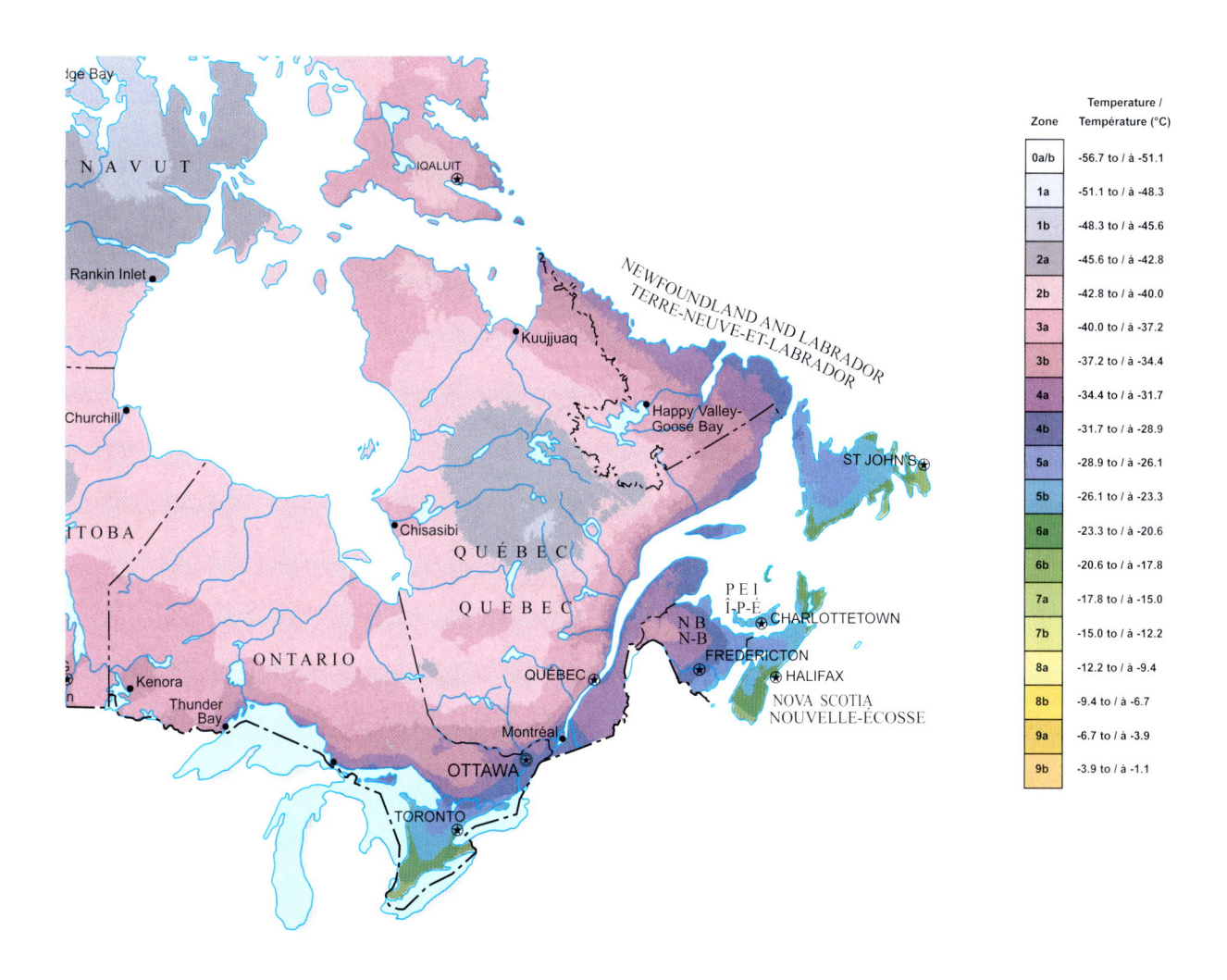

Zone	Temperature / Température (°C)
0a/b	-56.7 to / à -51.1
1a	-51.1 to / à -48.3
1b	-48.3 to / à -45.6
2a	-45.6 to / à -42.8
2b	-42.8 to / à -40.0
3a	-40.0 to / à -37.2
3b	-37.2 to / à -34.4
4a	-34.4 to / à -31.7
4b	-31.7 to / à -28.9
5a	-28.9 to / à -26.1
5b	-26.1 to / à -23.3
6a	-23.3 to / à -20.6
6b	-20.6 to / à -17.8
7a	-17.8 to / à -15.0
7b	-15.0 to / à -12.2
8a	-12.2 to / à -9.4
8b	-9.4 to / à -6.7
9a	-6.7 to / à -3.9
9b	-3.9 to / à -1.1

Carte reproduite avec la permission de Ressources naturelles Canada, Service canadien des forêts, 2020.

Les semis intérieurs et extérieurs

Démarrer ses propres semis permet non seulement de faire des économies, mais aussi d'avoir accès à des centaines, voire des milliers de cultivars pour chaque légume. En prime, démarrer vos propres semis vous procurera un sentiment de fierté inégalé : celui d'avoir cultivé vos légumes de A à Z ! Voici comment procéder pour vous assurer le succès escompté.

EN ÉTAPES : LES SEMIS INTÉRIEURS

Matériel nécessaire

- Caissette multicellule avec dôme et plateau
- Terreau pour semis
- Étiquettes de plastique ou de bois
- Feutre indélébile ou crayon de plomb
- Vaporisateur
- Semences

Vous pouvez démarrer vos semis à partir de graines récoltées de vos propres plants ! Voyez comment faire aux pages 108 et 109 !

1. Préparer le terreau. Dans un contenant de plastique, verser la quantité désirée de votre mélange de terreau pour semis. Ajouter graduellement de l'eau tiède dans le contenant jusqu'à ce que le terreau soit légèrement humide, mais non détrempé. Brasser le terreau avec une cuillère afin que l'eau soit répartie uniformément.

2. Remplir les contenants. Remplir chaque caissette multicellule de votre mélange de terreau à semis jusqu'à 1 à 2 cm du rebord. Éviter de compacter le terreau avec les mains. Cogner plutôt délicatement le fond des contenants sur la surface de travail.

3. Semer. Pour chaque cellule d'une caissette, utiliser la pointe d'un crayon pour faire un trou de la profondeur recommandée pour les semences à la surface du terreau. Laisser tomber trois graines dans ce trou. Les fines herbes doivent quant à elles être semées à la volée. Il suffit alors de laisser tomber une dizaine de graines sur la surface du terreau.

4. Recouvrir les semences. Recouvrir le trou de terreau. Pour les très petites semences et celles semées à la volée, utiliser un tamis pour les recouvrir d'une très fine couche de terreau. Utiliser un vaporisateur pour humidifier et compacter la nouvelle couche de terreau. Certaines semences ne doivent pas être recouvertes de terre. Si tel est le cas, cette information sera indiquée dans la fiche technique.

5. Étiqueter. Sur des étiquettes de plastique ou des bâtonnets de bois, indiquer au crayon de plomb ou au feutre indélébile le nom du plant et la date du semis.

6. Abriter les semis. Placer les contenants dans un plateau qui recueillera le surplus d'eau. Couvrir avec un dôme transparent ou un sac de plastique afin de maintenir un bon taux d'humidité. Placer vos semis au chaud durant la germination, mais pas au soleil direct. Lorsque les semis auront levé, retirer le dôme et placer ces derniers sur le rebord d'une fenêtre ou sous une lampe fluorescente.

EN ÉTAPES :
LES SEMIS EXTÉRIEURS

Matériel nécessaire

- Terreau à potager ou terre à potager
- Râteau
- Truelle de jardin
- Étiquettes de plastique ou de bois
- Feutre indélébile ou crayon de plomb
- Arrosoir à pomme ou tuyau d'arrosage
- Semences

1 Niveler le sol. Lorsque le sol préalablement amendé est bien sec, égaliser, à l'aide d'un râteau, la surface de votre potager en rangées, en carrés, en bacs surélevés ou en pots afin de favoriser l'uniformité de la germination.

2 Former les sillons ou les trous. Pour les potagers en rangées et en bacs surélevés, former des sillons parallèles et bien droits dans le sol à l'aide d'une truelle de jardin. Pour les potagers en carrés et en pots, former des trous dans le terreau. Respecter l'espacement et la profondeur recommandés dans la fiche technique des semis, peu importe le type de potager.

3 Semer. Déposer les semences en rangs dans les sillons pour les potagers en rangées ou en bacs surélevés, ou en poquets de trois graines dans chaque trou pour les potagers en carrés ou en pots. Les fines herbes doivent quant à elles être semées à la volée. Il suffit alors de laisser tomber une dizaine de graines sur la surface du terreau.

4 Recouvrir les semences. Recouvrir les sillons avec 1 à 2 cm de terre pour les potagers en rangées et en bacs surélevés. S'assurer que le sillon est légèrement plus bas que le niveau du sol pour que l'eau s'y écoule naturellement lors des arrosages. Dans le cas d'un potager en carrés ou en pots, recouvrir chaque trou de terreau. Recouvrir les semis à la volée d'une fine couche de terre.

5 Étiqueter. Sur des étiquettes de plastique, indiquer au feutre indélébile le nom du plant et la date du semis.

6 Arroser. Pendant la période de germination, les semis sont très sensibles au manque d'eau. Arroser les semis avec un arrosoir à pomme ou un tuyau d'arrosage chaque jour jusqu'à la levée de terre.

Le meilleur moment pour commencer les semis

Vous commencerez vos semis à différents moments selon les plantes potagères que vous avez choisi de cultiver. Normalement, cette période est bien indiquée sur la fiche technique au dos de l'enveloppe des semences. Comme la période est déterminée en fonction des derniers gels au printemps, et que ceux-ci peuvent varier d'une région à l'autre et d'une année à l'autre, il faut user de prudence. Si vous utilisez un calendrier des semis, assurez-vous donc qu'il a été établi en fonction du climat de votre région, et vérifiez chaque année que la date prévue pour le dernier gel printanier dans votre région concorde avec les dates proposées dans le calendrier.

Dans tous les cas, prenez le temps d'analyser la terre du jardin. Il peut arriver, malgré l'annonce du dernier gel, que le sol soit encore trop froid pour accueillir les semis. Pour éviter de perdre vos semis, vous pouvez repousser de deux semaines la date prévue du dernier gel printanier dans votre région au moment de calculer à rebours la bonne date pour faire vos semis. Dans tous les cas, si une alerte de gel a lieu après que vous avez planté vos semis extérieurs, protégez-les à l'aide d'une cloche ou d'une couverture flottante.

MIEUX VAUT TROP TARD… QUE TROP TÔT !

Gardez toujours en tête qu'il vaut mieux planter vos semis un peu trop tard et retarder la récolte que de les planter trop tôt et risquer de compromettre cette dernière complètement. Par exemple, les semis plantés trop tôt à l'intérieur s'étioleront, s'affaibliront et auront du mal à s'adapter à leur nouvel environnement lorsque vous les repiquerez en pleine terre !

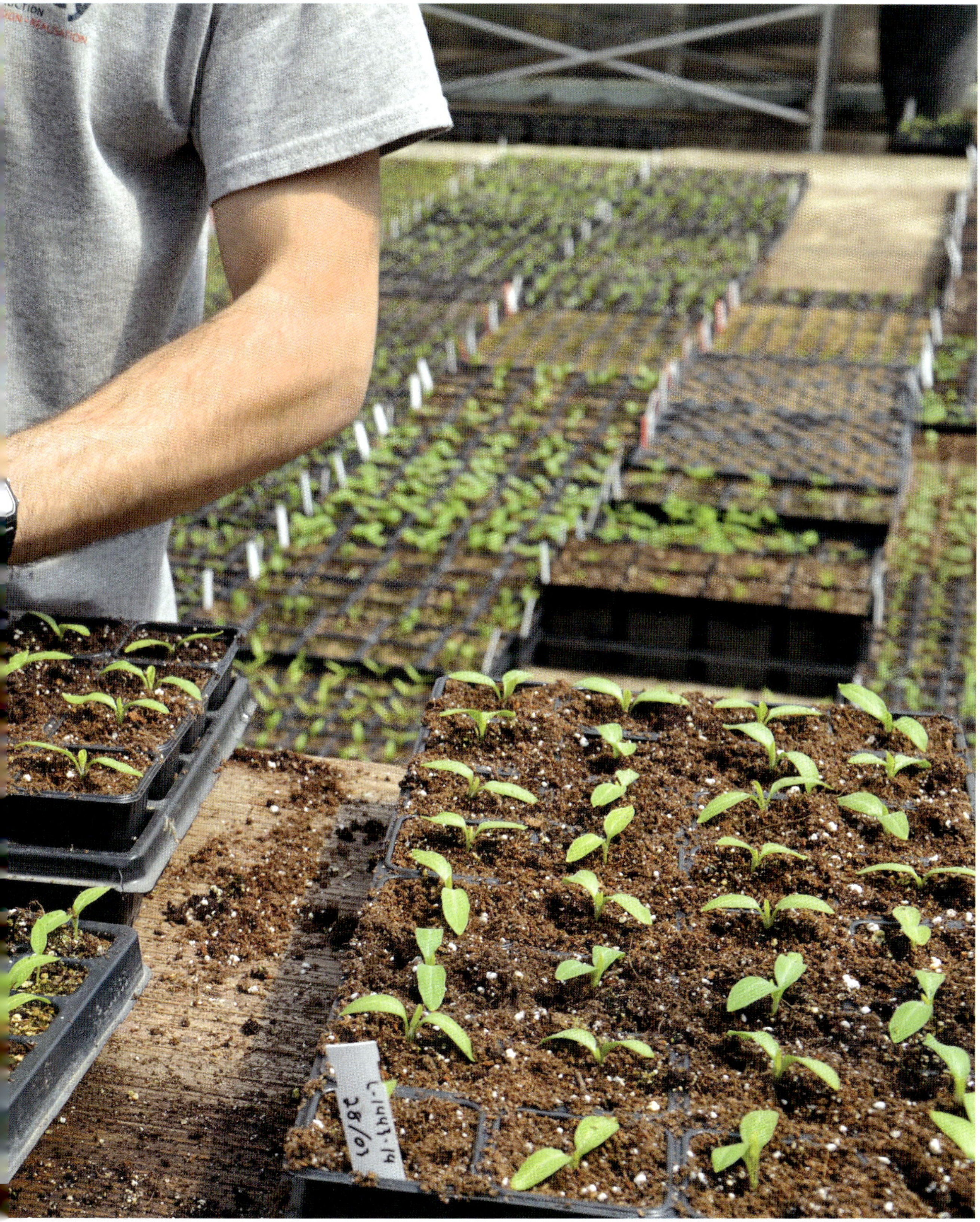
L-1443-14
28/01

Quel type de potager vous convient ?

Il existe de nombreux modèles de potagers adaptés aux différents besoins des jardiniers. Selon que l'on dispose ou non d'un terrain, que l'on s'absente souvent ou non pendant la saison ou que l'on souhaite jardiner sans se pencher, il importe de choisir le type de potager le mieux adapté à notre réalité.

Dans tous les cas, il vaut mieux éviter de voir trop grand la première année, peu importe le type de potager sur lequel on mise. Mieux vaut voir petit pour commencer, puis s'ajuster au fil des années, que créer un potager de trop grande dimension la première année et en perdre le contrôle en plein milieu de l'été.

Le potager en rangées

De forme carrée ou rectangulaire et aménagé directement au sol, le potager en rangées est le potager typique. Pour améliorer le drainage, il est fortement conseillé de surélever la planche de culture en ajoutant une épaisse couche de terre à potager et de compost de qualité avant de semer ou de repiquer de jeunes plants en terre. Les rangées de ce type de potager peuvent aussi prendre la forme de longues buttes de terre d'environ 30 cm (12 po) de hauteur (ce qu'on appelle un potager en rangées avec buttes). Dans tous les cas, les rangées doivent être espacées de 90 cm (35 po) chacune. Entre elles, il faut prévoir un espace d'environ 30 cm (12 po) de largeur, et le recouvrir de paillis, de planches de bois ou de pas japonais afin de pouvoir circuler dans le jardin sans comprimer le sol ni piétiner les racines des plants. En raison de l'espace réservé à la circulation entre les rangées, ce type de potager n'est pas conseillé pour les cours de petite dimension. En revanche, il est idéal pour ceux qui s'absentent souvent, puisqu'il nécessite un arrosage moins régulier.

Le potager en carrés

Le potager en carrés mesure généralement 1,2 m^2 (4 pi^2) et comprend donc 16 carrés de 30 cm x 30 cm (1 pi x 1 pi) chacun. L'idée est de cultiver une seule variété de plante potagère dans chaque carré, de façon à maximiser le nombre de variétés cultivées dans un espace restreint. Selon l'endroit où l'on souhaite l'installer, le potager en carrés peut être muni d'un fond ou non. Les potagers en carrés sans fond peuvent être installés sur le gazon (à condition de le tondre au préalable), alors que ceux munis d'un fond peuvent être installés sur l'asphalte. Une fois le potager en carrés bien en place, on le remplit avec un mélange de terreau pour potager et de compost de qualité. Ce type de potager est intéressant pour économiser de l'espace. Or, comme la terre y sèche plus rapidement, il faut l'arroser plus souvent.

Le potager en bacs surélevés

Comme son nom l'indique, le potager en bacs surélevés consiste en une structure de bois d'environ 1 m (3 ¼ pi) de hauteur qui comprend toujours un fond, et parfois des pieds. Contrairement au potager en carrés, le potager en bacs surélevés ne comporte pas de divisions : on y cultive tout ce que l'on souhaite de façon éparse dans un mélange de terreau pour potager et de compost de qualité. En plus de requérir moins de désherbage, ce type de potager en hauteur est pratique pour tous ceux qui souhaitent jardiner sans se pencher. Toutefois, il peut être plus coûteux la première année, car il nécessite l'achat d'une grande quantité de bois, de terreau pour potager et de compost. Enfin, la terre y sèche moins vite que dans le potager en carrés, mais plus vite que dans le potager en rangées.

Photo bois et sableuse : Shutterstock

Le potager en pots

À condition que l'on choisisse des contenants de la bonne taille, les potagers en pots permettent de cultiver pratiquement tous les mêmes spécimens que les potagers en terre, à l'exception des citrouilles, des asperges et de la rhubarbe. Qu'il s'agisse de pots en plastique ou en géotextile, les potagers en pots sont tout désignés pour tous ceux qui ne possèdent pas de terrain et qui souhaitent cultiver des plantes potagères sur leur balcon. Si on opte pour des pots en plastique ou en céramique, ces derniers doivent être munis de trous de drainage qui permettront à l'excédent d'eau de s'échapper entre les arrosages. Les potagers en pots sont ceux qui nécessitent la fertilisation et l'arrosage les plus fréquents : ils sont donc des pensez-y-bien pour ceux qui s'absentent régulièrement pendant l'été.

Le potager sur le toit en milieu urbain : une tendance qui gagne du terrain !

Avec l'intérêt grandissant pour l'agriculture urbaine, de plus en plus de gens se lancent dans la conception d'un potager sur le toit. Louis Gagné, propriétaire d'une épicerie d'aliments biologiques et de produits naturels située dans la ville de Québec, se passionne pour la culture en pots sur le toit en milieu urbain. Il nous aide à faire la lumière sur cette façon de jardiner qui fait de plus en plus d'adeptes.

Les avantages et les difficultés

En tant que résident d'un centre-ville, Louis entrevoit la culture des plantes potagères sur le toit d'un très bon œil. « Lorsqu'on habite un centre-ville, il y a beaucoup d'ombre causée par les immeubles environnants, sans compter que les balcons et les cours sont limités en espace, donc on ne veut pas trop les encombrer. On sait aussi que les toitures sont des déserts qui causent des îlots de chaleur, donc pour toutes ces raisons, les toits en ville sont de bons milieux de culture. »

Louis se montre toutefois très transparent quant aux difficultés et aux investissements qui attendent les jardiniers souhaitant cultiver des plantes potagères sur leur toit. Selon lui, il ne devient réellement intéressant de cultiver sur le toit que si on n'a pas de grand balcon ou de cour. Il met donc en garde tous ceux qui souhaitent se lancer dans l'aventure. « C'est plus compliqué d'accéder au toit et plus difficile d'y monter du matériel lourd. Il faut aussi faire attention à la surface sous les bacs ou les pots pour ne pas l'endommager et investir dans un système d'irrigation, car le milieu est très chaud et sec et les pots ne contiennent qu'une petite quantité de terre et, donc, conservent peu d'humidité. »

Du point de vue de l'entretien, il faut aussi s'attendre à devoir travailler. « Les mauvaises herbes vont s'installer dans les bacs sur le toit comme dans les potagers en pleine terre, et les parasites peuvent aussi y trouver leur compte. Il faut aussi bien enrichir le terreau, puisque l'espace pour les racines est limité », explique-t-il.

Photos : Les Urbainculteurs

Le matériel nécessaire

Pour réussir son potager sur le toit, il faut pouvoir s'y rendre et y transporter de la marchandise ainsi que de l'équipement facilement et régulièrement. Une échelle, des cordes et des poulies peuvent être nécessaires, selon Louis. « Idéalement, il faut aussi prévoir du rangement, comme un coffre ou une remise, ainsi qu'une poubelle. Si la surface du toit n'est pas suffisamment résistante, il faudra la protéger pour ne pas l'abîmer. Les toits plats sont habituellement faits de membrane élastomère. Si tel est le cas, il faudra nécessairement la recouvrir d'une membrane et de planches pour ne pas l'user prématurément. Les toits en fibre de verre sont idéals, puisqu'ils sont plus résistants. »

Un système d'irrigation avec une fréquence d'arrosage d'au minimum deux fois par jour est essentiel. « Il est impensable de miser sur un arrosage manuel et de croire que la culture ira bien tout l'été. Il y aura inévitablement un oubli, des vacances, etc. En temps de canicule, il faut toujours prévoir un arrosage vers l'heure du midi pour refroidir la terre », prévient-il.

Pour les contenants, Louis recommande les pots en géotextile, même s'ils sont plus coûteux que les pots en plastique. « Puisqu'ils sont mous, ils diminuent le risque d'abîmer la surface. De plus, ils optimisent le réseau racinaire, ce qui a pour effet de diminuer la quantité de terre nécessaire. Personnellement, j'obtiens de très bons résultats en combinant du terreau d'empotage pour potager urbain avec des granules de fumier de poule et un engrais d'algues marines. »

Les précautions à prendre

Il convient bien sûr de penser à sa propre sécurité ainsi qu'à celle des passants lorsqu'on cultive sur le toit. « Il ne faut rien mettre trop en bordure et il faut éviter que des choses ne puissent être emportées par le vent et tomber sur la tête de passants », insiste-t-il.

Un permis de la Ville est nécessaire pour les aménagements permanents (changement du revêtement du toit, construction d'une remise, ajout d'un escalier, etc.).

Bien choisir et enrichir le sol : la clé du succès !

La plupart des plantes potagères ont besoin de plus de nutriments que les autres végétaux pour croître et éventuellement produire des fruits, dans le cas des légumes-fruits. Pour cette raison, lorsqu'on recherche l'abondance, il est primordial d'enrichir le sol en y ajoutant des amendements et des engrais de grande qualité. Voici un aperçu des différentes possibilités qui s'offrent à vous.

Les terres et les terreaux

Dans le monde horticole, le terme « terreau » réfère à un mélange de terre végétale et de produits de décomposition spécialement conçu pour faciliter le jardinage en contenants. Le terme « terre » réfère donc quant à lui à la terre destinée aux potagers aménagés directement au sol.

Le terreau à semis. Le terreau à semis est un mélange très fin, exempt de gros morceaux d'écorces et de bois, qui permet de bien enrober les semences dans l'optique de les faire germer. Ce type de terreau est également pensé pour maintenir le parfait taux d'humidité, et donc éviter la fonte des semis. Enfin, le terreau à semis étant pasteurisé, il réduit les risques de prolifération des bactéries.

La terre noire. La terre noire est la moins coûteuse sur le marché, mais elle est aussi la plus pauvre et la plus acide : elle n'est pas recommandée pour les potagers, à moins que vous preniez les moyens nécessaires pour réguler son taux d'acidité et que vous l'utilisiez en très petite quantité.

La terre à jardin. La terre à jardin est destinée aux potagers aménagés directement au sol et doit être déposée par-dessus la terre déjà en place. Bien qu'elle soit plus riche en minéraux que la terre noire, il est absolument nécessaire de la mélanger à 50 % de compost de qualité. Évitez la terre à jardin qui contient de la terre noire.

Le terreau pour potagers en pots. Le terreau pour potagers en pots a été spécifiquement conçu pour faciliter le drainage, lequel est particulièrement important lorsqu'on cultive en pots pour permettre à l'excédent d'eau d'être évacué entre les arrosages et ainsi prévenir le pourrissement des racines. Évitez le terreau pour potagers en pots qui contient de la terre noire et ajoutez-y de la vermiculite s'il n'en contient pas.

Photo pots avec terre, perlite et vermiculite : Shutterstock

Les matériaux d'origine minérale

La perlite. La perlite est une roche volcanique que l'on a chauffée à 1 200 °C dans le but de lui faire prendre de l'expansion. On la trouve sous forme de petites perles blanches très légères. La perlite facilite le drainage tout en prévenant la compaction du sol. Puisqu'elle jaunit avec le temps, on la mélange avec la terre ou le terreau plutôt que de la déposer à la surface.

La vermiculite. La vermiculite est une roche volcanique que l'on a chauffée à 1 000 °C dans le but de lui faire prendre de l'expansion. On la trouve sous forme de petites pépites dorées et friables. La vermiculite favorise le développement des racines et maintient l'humidité dans les potagers en pots.

Les amendements organiques

Que l'on se tourne vers les options maison ou vers celles du commerce, il existe de nombreuses façons d'amender le sol d'origine de votre potager afin d'offrir une vaste gamme de nutriments et de minéraux à vos plantes potagères. Les amendements organiques suivants activeront en prime la précieuse vie microbienne de votre potager.

On applique les amendements organiques au printemps, lors de la plantation.

Le compost maison. Le compost maison est celui qui contient la plus grande quantité de nutriments et de minéraux, puisqu'il est réalisé à partir d'un plus large éventail de matières organiques que le compost du commerce. Si on ne possède pas de terrain pour fabriquer son propre compost, on peut se tourner vers le compostage communautaire.

Le vermicompost prend si peu d'espace, que l'on peut en avoir plusieurs bacs dans une seule étagère, comme c'est le cas ici!

Les composts du commerce. Les différents composts du commerce sont intéressants, bien qu'ils soient moins riches que le compost maison. En effet, il ne s'agit pas de compost par définition, mais plutôt d'un mélange de tourbe horticole et de compost. Dans la mesure du possible, on mise sur le compost marin, qui est généralement plus riche que les composts de fumier de vache et de fumier de mouton.

Le vermicompost. Le vermicompost est fabriqué à partir de déjections de vers de fumier (lombrics appelés « *Eisenia foetida* »). Puisqu'il s'agit du type de compost le plus riche d'entre tous, il est plus coûteux que les autres, mais peut être utilisé en très petite quantité. Le vermicompost est le seul compost que l'on peut utiliser pour les cultures intérieures comme pour les cultures extérieures. On peut se procurer du vermicompost dans les jardineries, ou le fabriquer à l'intérieur dans une vermicompostière. Comme il prend peu d'espace et ne dégage pas d'odeur, le vermicompost est tout indiqué pour les jardiniers vivant en appartement et souhaitant composter leurs restes de table!

Les engrais

Si les amendements nourrissent en quelque sorte le sol, les engrais, de leur côté, nourrissent plutôt les plants. Les amendements et les engrais ont donc des rôles distincts et ne peuvent pas être remplacés l'un par l'autre.

Les engrais biologiques. Aussi appelés « fertilisants biologiques », les engrais biologiques sont issus de produits d'origine végétale ou animale, ou même de roches pulvérisées. Ils contiennent une grande quantité d'oligo-éléments, lesquels augmentent la biodiversité du sol tout en renforçant le système immunitaire des plants. Les algues liquides et les granules de fumier font partie des engrais biologiques incontournables pour les potagers. Contrairement aux engrais de synthèse, les engrais biologiques ne polluent pas les eaux et ne risquent en aucun cas de brûler les racines de vos plants.

Les engrais de synthèse. Les engrais de synthèse sont transformés chimiquement. Leur processus de fabrication nécessite donc une grande quantité d'énergie fossile. Puisque la plupart d'entre eux sont assimilés plus rapidement par les plants que les engrais biologiques, ils doivent être appliqués plus fréquemment. Les engrais de synthèse ne conviennent pas à la culture biologique, car ils polluent les eaux. En outre, ils peuvent brûler les racines des plants s'ils sont mal appliqués.

On applique les engrais granulaires une première fois au printemps, puis une fois par mois tout au long de l'été. Les engrais liquides, eux, peuvent être appliqués une fois par semaine à partir de juillet.

Les paillis

L'ajout d'une couche de paillis sur toute la surface du potager en terre ou en contenants permet de maintenir le sol humide et de réduire la propagation des mauvaises herbes. À condition d'opter pour une matière organique, le paillis enrichira en plus le sol en se décomposant.

La paille. Bien qu'elle soit difficile à trouver et plutôt coûteuse, la paille s'avère un excellent paillis pour le potager. D'ailleurs, autrefois, les paillis étaient systématiquement faits de paille.

Les feuilles d'arbres déchiquetées. Les feuilles provenant d'arbres en santé et ayant été séchées puis déchiquetées à l'aide d'un coupe-bordure sont très intéressantes pour le potager.

La fibre de coco. La fibre de coco offre l'avantage d'être abordable et très légère, tout en ayant un grand pouvoir de rétention de l'eau. Il s'agit de l'option du commerce la plus intéressante pour le potager.

Les journaux déchiquetés. Les pages des journaux en noir et blanc ou en couleur peuvent être passées à la déchiqueteuse de bureau et étendues uniformément sur toute la surface du potager.

Les écales de cacao. Les écales de cacao vendues en jardinerie conviennent bien pour les potagers. Toutefois, il est préférable de ne pas les ajouter en trop grande quantité pour éviter la formation d'une « croûte » qui pourrait engendrer des moisissures.

> Les sciures de bois ne sont pas recommandées pour le potager, puisqu'elles absorbent l'azote présent dans le sol en se décomposant, ce qui en prive nos plantes potagères.

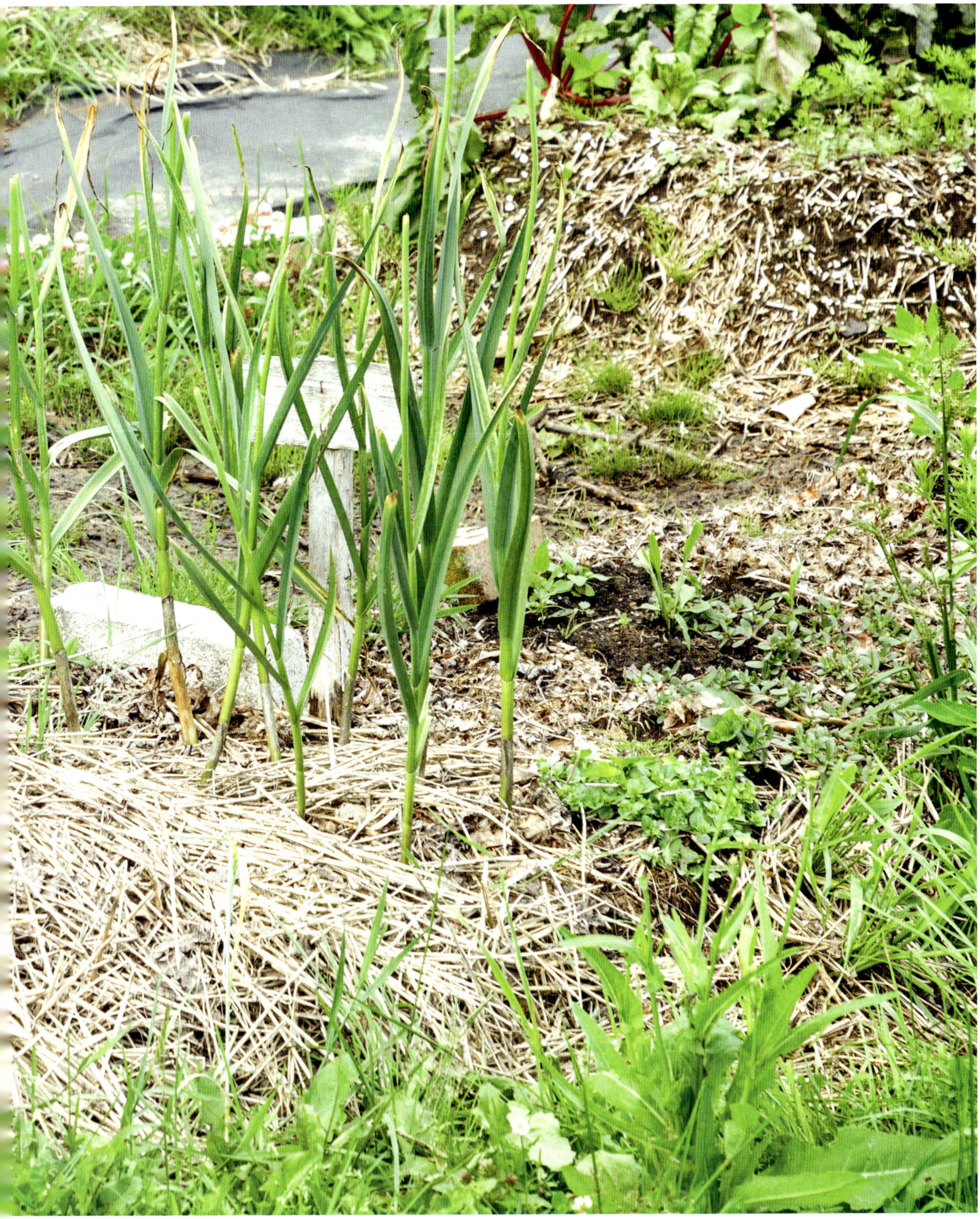

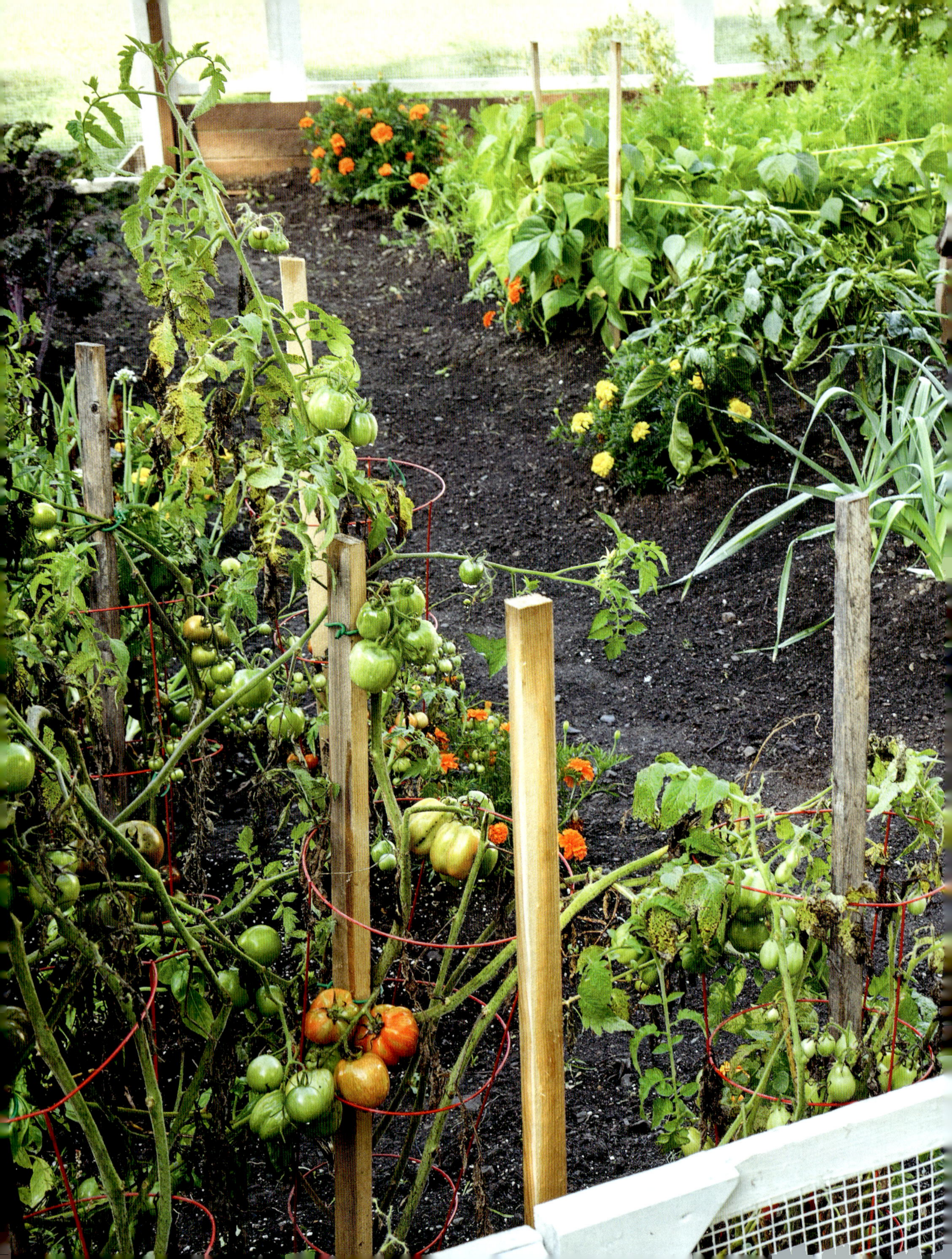

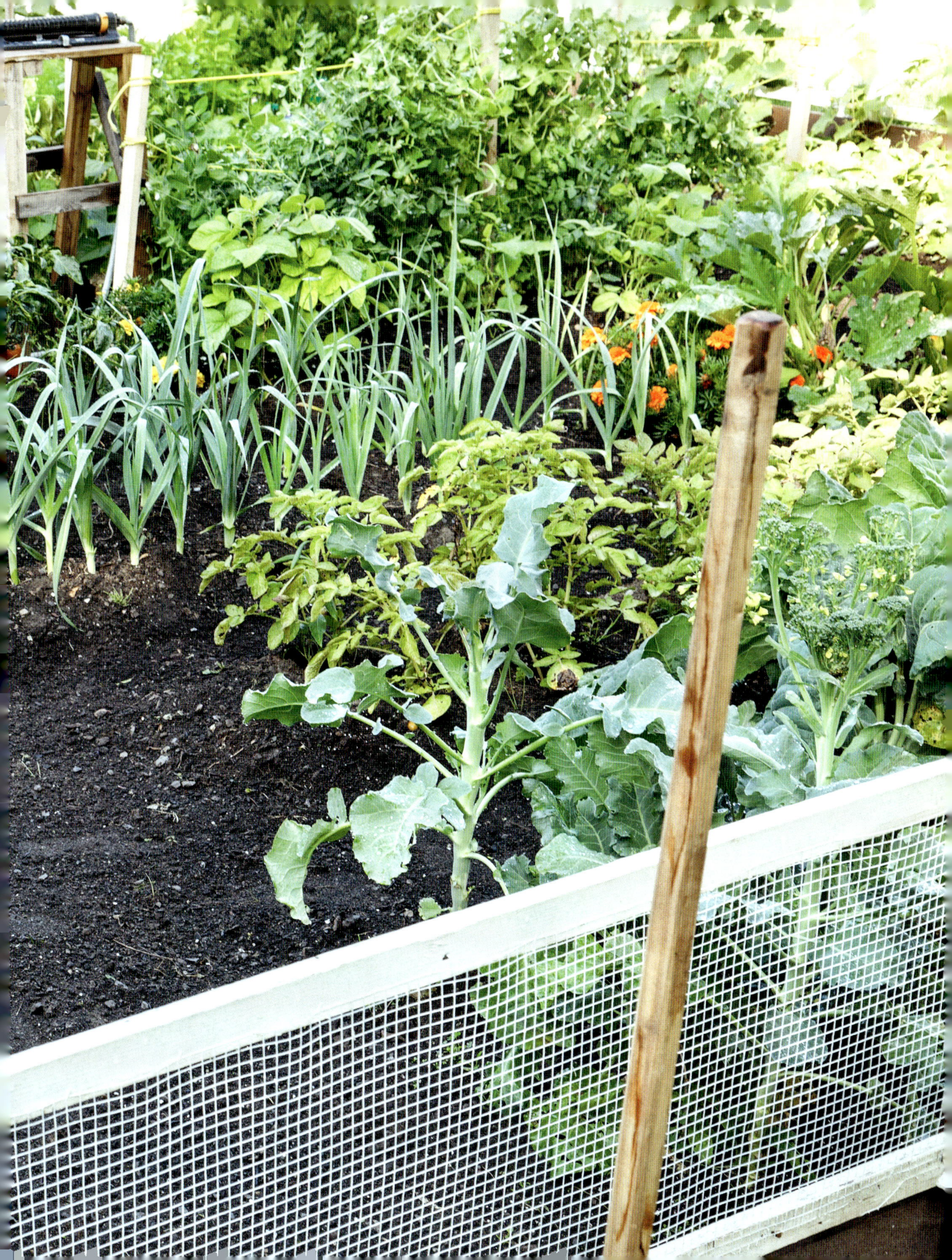

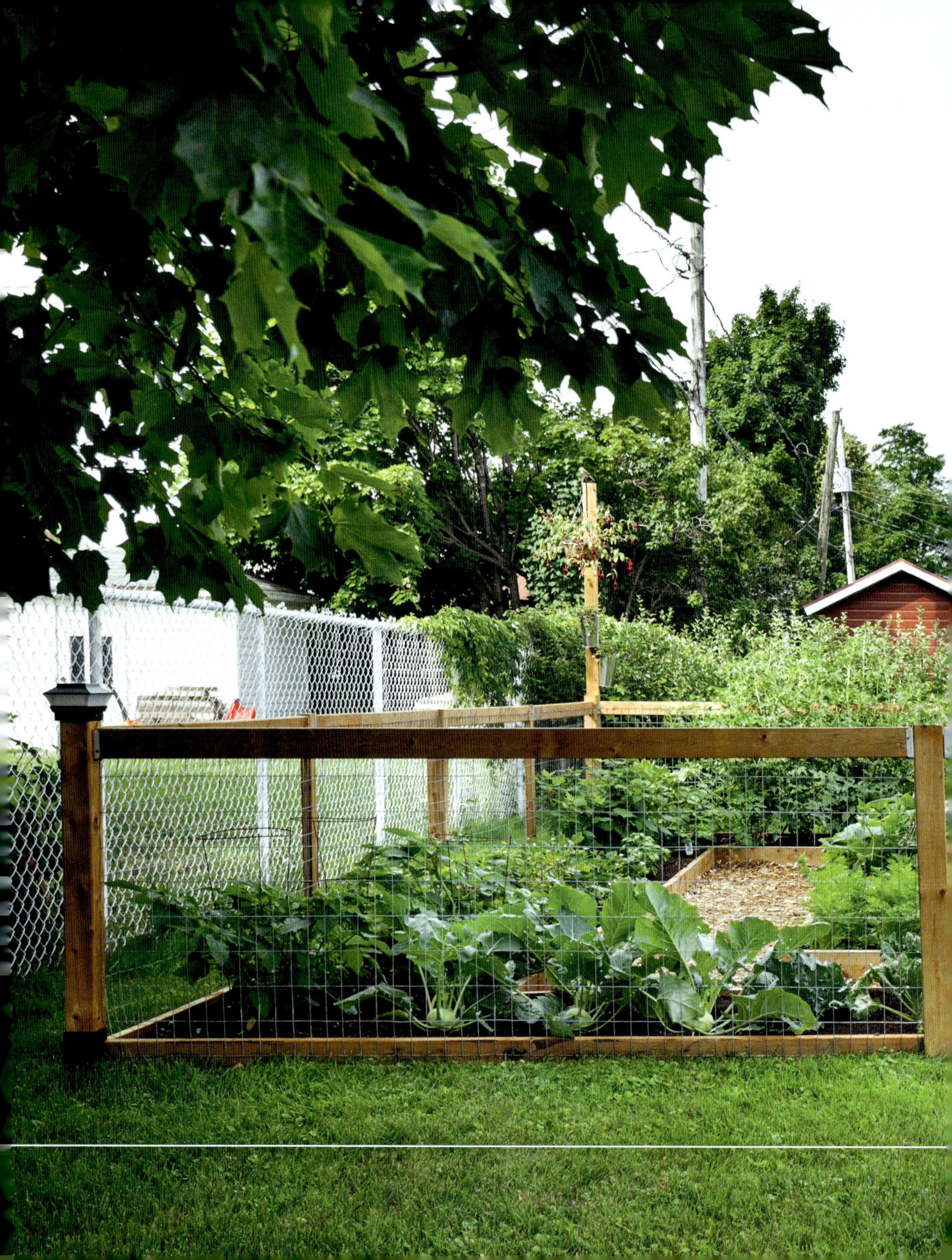

ÉTÉ

Tous au jardin !

Le dernier risque de gel est passé, les plantes potagères ont été acclimatées et les insectes pollinisateurs ont entamé leur travail : c'est signe que l'été est bel et bien arrivé !

Vous découvrirez dans les pages suivantes des conseils et des astuces pour profiter pleinement de votre potager, et surtout, pour jardiner dans le plaisir et le respect de la nature.

La permaculture, une ode à la vie

Le mot « permaculture » a beau être sur toutes les lèvres ces dernières années, il s'agit encore à ce jour d'un concept difficile à comprendre pour la vaste majorité d'entre nous. Bien que les visions de ceux qui s'y adonnent puissent légèrement varier, les grandes lignes demeurent sensiblement les mêmes. Voici donc une introduction à cette philosophie qui rend hommage à la vie.

La permaculture, c'est quoi ?

La permaculture est une approche d'aménagement et de culture directement inspirée du fonctionnement de la nature et donc, de l'interdépendance qui existe entre les différents écosystèmes qu'elle renferme : humains, animaux, insectes, végétaux et micro-organismes y vivent en parfaite symbiose. L'objectif derrière la permaculture est de concevoir des écosystèmes cohérents, sains, résilients et abondants pouvant entre autres nous permettre d'atteindre l'autosuffisance alimentaire.

Inventé par Bill Mollison et David Holmgren dans les années 1970, le terme « permaculture » est né de la contraction des mots « agriculture » et « permanence. »

Est-ce uniquement lié à l'agriculture ?

Bien que la permaculture soit le plus souvent liée aux concepts agricoles, beaucoup d'adeptes l'entrevoient d'un point de vue global. Pour certains, la permaculture englobe tout ce qui tourne autour de la vie de l'humain. Elle se penche donc sur les interactions qui existent entre les humains eux-mêmes ainsi que sur celles entre les humains et les animaux. Concrètement, il s'agit d'aménager des milieux de vie propices au bien-être de l'humain, et ce, dans le respect de la nature. L'autosuffisance alimentaire combinée à la permaculture est un choix populaire puisque l'alimentation est un besoin essentiel. Dans la pratique, chacun a sa façon d'intégrer la permaculture à sa vie, et les résultats peuvent être très différents.

Cependant, on devrait retrouver chez tous les amateurs de cette pratique la volonté de s'intégrer dans l'écosystème, notre écosystème, et de contribuer à sa régénération en y jouant un rôle de gardiens.

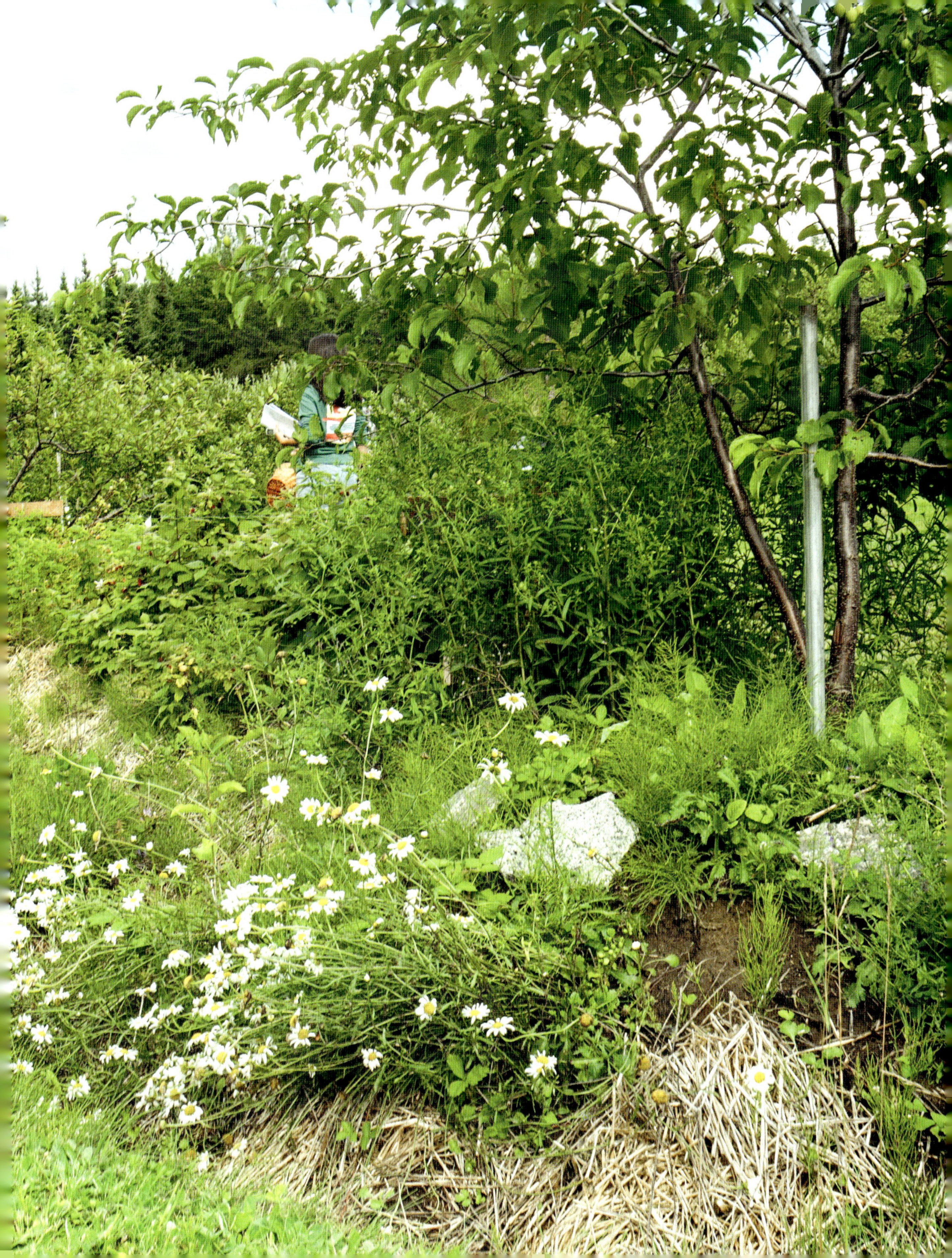

Pourquoi l'adopter ?

En plus de favoriser des récoltes plus diversifiées et abondantes que les méthodes de culture traditionnelles, la permaculture encourage une approche moins « égoïste », plus attentive aux besoins de la terre, et donc plus écologique. Elle permet en outre de créer des espaces moins stériles et plus dynamiques qui favorisent le bien-être. Soyez cependant averti que l'énergie initiale consacrée à un projet de permaculture peut être considérable. Par la suite, la part d'efforts investis par rapport à la quantité de biomasse produite diminuera grandement avec le temps. Si vous adoptez l'approche du jardinier paresseux, prenez garde ! Oui, bien sûr, selon l'ampleur de votre projet, tout se déroulera comme prévu. Vous pourrez réduire les tâches journalières au potager (désherbage, irrigation, etc.) au minimum et, avec l'expérience, optimiser les tâches qui restent. Mais cela ne veut pas dire que votre aménagement ne demandera aucun effort tout au long de la saison !

Comment l'adopter ?

La première étape pour quiconque souhaite créer un aménagement de permaculture consiste à observer l'environnement pour définir les besoins de l'environnement lui-même ainsi que ceux des humains qui y vivront. La deuxième étape consiste à concevoir l'espace en pensant comme la nature, c'est-à-dire en imitant ses réflexes ou en l'aidant grâce à des interventions appropriées (*keyline*, *swale*, haies brise-vent, mur végétal...). Commencer à petite échelle est la meilleure façon d'apprendre. Vous pourriez, par exemple, planter deux trios composés d'un fixateur d'azote (l'argousier ou le caraganier, notamment) et de fruitiers (un pommier accompagné d'un prunier, d'un cerisier ou d'un poirier), en vous assurant que les arbres fruitiers soient de cultivars différents. La dynamique du trio fonctionne comme suit : le fixateur d'azote augmente la fertilité de la terre et sert d'abri aux prédateurs d'insectes nuisibles. En séparant les espèces et en variant les cultivars, on favorise la pollinisation croisée, tout en forçant les insectes nuisibles à couvrir une plus grande distance pour trouver un hôte semblable. Chaque saison, il est possible d'intégrer des plantes médicinales, des plants de légumes annuels et des arbustes à son aménagement.

Les hôtels pour insectes ont la cote, car ils invitent les insectes pollinisateurs dans votre jardin !

Les engrais de synthèse, les herbicides, les fongicides et les pesticides sont inutiles dans les systèmes de permaculture !

Quelques principes de base

- La préservation de l'intégrité du sol et de sa structure est le principe de base le plus important à appliquer en permaculture. Le sol abrite une légion de micro-organismes (bactéries, champignons, flagellés, amibes, nématodes, etc.) et d'organismes (micro-arthropodes, insectes, arachnides, vers de terre, etc.), créant ainsi un écosystème complet répondant continuellement aux besoins des plantes.

- La conception ou l'aménagement effectué dans le milieu doit être adapté à l'échelle et à la vocation du projet. On aura un plan d'aménagement bien différent selon que l'on a un jardin, un balcon de quelques mètres carrés ou une ferme de 200 hectares. Certains aménagements s'appliquent bien à petite échelle, mais sont impossibles, voire nuisibles à grande échelle, et vice-versa. Par exemple, des rangs en demi-cercle, qui permettent une exposition maximale à la lumière ainsi que la création d'un microclimat chaud, peuvent être très efficaces dans un jardin de cour, mais ils le seront beaucoup moins pour une production maraîchère de plusieurs hectares.

- L'utilisation de paillis est très populaire, voire obligatoire en permaculture. Le paillis est un outil très intéressant, puisqu'il maintient les niveaux d'humidité et de température dans une fourchette plus étroite et tempère les variations brusques. De plus, c'est une excellente protection contre l'érosion par le vent et la pluie. En recouvrant le sol, on invite les vers de terre, les collemboles, les mille-pattes et tous les micro-organismes à coloniser notre sol ; ainsi, on imite la nature.

- Les zones de compaction sont un élément à prendre en considération dans l'élaboration du plan du jardin, puisqu'elles ont un impact sur la production et la santé de nos végétaux. Une évaluation de la compaction devrait faire partie du plan d'aménagement du permaculteur avisé. Il existe des moyens efficaces utilisant le compost et le thé de compost pour dissoudre ces couches indurées en les faisant littéralement digérer par les micro-organismes.

La permaculture en milieu urbain

Contrairement à ce que beaucoup de gens pensent, il n'est en aucun cas obligatoire de posséder une cour pour pratiquer la permaculture. Il est possible, par exemple, de concevoir un aménagement de permaculture en cultivant sur le balcon différentes plantes potagères dans un pot en géotextile de 100 gallons, en récupérant l'eau de pluie et en prévoyant des hôtels à insectes à proximité.

VIVE LA BIODIVERSITÉ !

Les aménagements de permaculture profitent d'une biodiversité bénéfique pour les récoltes. Bien que l'on puisse entendre parfois que cette approche limite les invasions d'insectes ou d'animaux, ou même les maladies chez les plantes, une nuance est à faire. Les aménagements, grâce à la santé du sol qu'ils occupent, seront mieux « armés » contre les possibles nuisances, mais vous pourrez tout de même y retrouver des insectes ou des récoltes grignotées par les animaux, par exemple. Il s'agit là d'une célébration de la biodiversité du jardin ! N'ayez pas peur de partager vos récoltes avec les autres participants de l'écosystème que vous avez créé !

Photo abeille : Shutterstock

LE JARDIN DES TROIS SŒURS

Le principe de cultiver ensemble les «trois sœurs», soit les courges (*Cucurbita pepo*), le maïs (*Zea mays*) et les haricots (*Phaseolus*), est un savoir-faire ancestral venant des cultures autochtones d'Amérique centrale qui illustre parfaitement le concept de permaculture. Le maïs, qui pousse en hauteur, sert de tuteur aux haricots. Les haricots, de leur côté, aident à fixer l'azote dans le sol, ce qui permet de nourrir les courges et le maïs. Enfin, grâce à leurs larges feuilles, les courges qui rampent au sol empêchent les mauvaises herbes d'avoir accès à la lumière, et permettent de maintenir le sol humide. De cette façon, ces trois plantes potagères vivent en synergie et peuvent pratiquement se passer d'intervention humaine.

Le jardin des trois sœurs peut même être cultivé dans un pot de très grande dimension !

Photo prunes et illustration de légumes : Shutterstock

Arbustes fruitiers, arbres fruitiers et fruits à coque

Bien qu'il faille parfois s'armer de patience pour profiter de récoltes abondantes, cultiver des arbres et arbustes fruitiers ainsi que des fruits à coque est un incontournable pour quiconque vise l'autosuffisance alimentaire à moyen ou long terme. Marie-Hélène Dubé vous livre quelques notions de base au sujet de ce type de culture, somme toute plus accessible qu'il n'y paraît.

Le choix des fruitiers

Contrairement à la plupart des plantes potagères, les arbres et arbustes fruitiers et les fruits à coque font partie de la grande famille des vivaces. Avant d'arrêter son choix sur une variété de fruitier en particulier, il faut donc savoir dans quelle zone de rusticité on se situe. Pour s'assurer que nos fruitiers survivent à l'hiver, Marie-Hélène suggère de les magasiner localement. « Le mieux est de se tourner vers les pépinières québécoises, puisqu'elles nous offrent une sélection bien adaptée à notre climat. Cela dit, le choix est grand ! Même en habitant au Saguenay–Lac-Saint-Jean, par exemple, on pourra choisir entre plusieurs dizaines de variétés de fruitiers. »

En plus du climat, le niveau de difficulté associé à la culture de chaque fruitier devrait aussi influencer nos choix. Autrement dit, il vaut mieux commencer par des variétés simples à cultiver si on a peu d'expérience. « La majorité des arbustes fruitiers sont très faciles d'entretien. Pensez par exemple aux groseilles, aux gadelles, aux cassis, aux camerises, aux bleuets, aux framboises et aux mûres. Il ne faudrait pas non plus oublier les fraises, même s'il ne s'agit pas d'un arbre ou d'un arbuste. »

L'important, selon Marie-Hélène, est surtout de prendre le temps de bien se renseigner avant d'acheter un fruitier. « Oubliez les achats sur un coup de tête au centre jardin, surtout dans le cas d'un arbre ! Il faut s'assurer d'avoir l'espace suffisant sur notre terrain et penser aux dimensions de l'arbre lorsqu'il aura atteint sa maturité. » Elle insiste toutefois pour dire que la culture des arbres et arbustes fruitiers n'est vraiment pas si compliquée et demande peu d'entretien, surtout les premières années d'implantation passées.

La prolificité des fruitiers

En règle générale, les arbustes fruitiers cultivés dans de bonnes conditions sont très prolifiques et donnent des fruits plus tôt après leur plantation que les arbres fruitiers. « Du côté des plantes grimpantes, les kiwis rustiques sont aussi très prolifiques, précise Marie-Hélène. Cela dit, un pommier, un prunier ou un cerisier va aussi donner une grande quantité de fruits une fois arrivé à maturité. Il faut généralement même prévoir comment on les conservera, car l'abondance arrive d'un coup ! », ajoute-t-elle.

Dans le cas des arbres fruitiers, si vous achetez votre plant très jeune, il faut être conscient que la récolte ne sera pas instantanée. Toutefois, les jeunes plants sont beaucoup plus abordables et auront une meilleure reprise après la plantation qu'un arbre plus vieux. Cultiver des arbres fruitiers, c'est donc miser sur le long terme.

Sans nécessairement être compliquée, la culture des fruits à coque demande encore plus de patience : beaucoup de variétés ne produiront des récoltes intéressantes qu'après une bonne vingtaine d'années de croissance.

Le meilleur moment pour acheter et planter les fruitiers

S'il est possible d'acheter des arbres ou arbustes fruitiers en pots tout au long de la saison estivale dans les centres jardin, Marie-Hélène est d'avis que le meilleur moment pour les planter demeure le printemps, lorsque le sol est dégelé, mais que les bourgeons n'ont pas commencé à s'ouvrir.

L'automne est aussi un moment adéquat pour planter des arbres ou des arbustes, lorsqu'ils sont en dormance. « Toutefois, avec l'imprévisibilité de plus en plus marquée de nos hivers, le printemps reste le moment à privilégier pour la plantation. Cela nous garantit que nos plantes auront le temps de bien s'implanter avant d'affronter la saison froide », conclut-elle.

Enfin, si vous souhaitez faire des économies, sachez qu'il est facile de trouver au printemps et à l'automne des fruitiers à « racines nues », c'est-à-dire des fruitiers qui ne sont pas en pots. S'ils coûtent moins cher et se transportent mieux, ils doivent toutefois être plantés très rapidement, le jour même idéalement.

> Les pépinières spécialisées prennent généralement les commandes de fruitiers assez tôt, parfois même dès le début de l'hiver.

BON à savoir !

- Les framboisiers et les ronces (mûriers) sont envahissants ;

- Les bleuetiers nécessitent de la mousse de tourbe ;

- Les kiwis et les vignes à raisins devront grimper sur un treillis ;

- Certains fruitiers nécessitent un plant mâle et un plant femelle pour qu'il y ait pollinisation ;

- Certains fruitiers nécessitent une pollinisation croisée, c'est-à-dire d'au moins deux variétés différentes ;

- Les plants des espèces *Ribes* (cassissier, groseillier, gadelier) peuvent être porteurs du champignon responsable de la rouille vésiculeuse du pin blanc, une maladie qui pourrait bien venir à bout d'un arbre mature. On les évite si on a des pins blancs à proximité de notre terrain.

Quelques fruitiers adaptés au climat du Québec et leurs zones de rusticité

Arbres

- Pommier (zones 1 à 4)
- Prunier (zones 2 à 4)
- Poirier (zones 2 à 4)
- Cerisier (zones 1 et 2)
- Abricotier (zone 3)

Fruits à coque

- Noyer (zone 3)
- Noisetier (zones 2 à 5)
- Chêne (zones 3 et 4)
- Châtaignier (zone 4)

Rendez-vous à la page 67 pour tout savoir au sujet des zones de rusticité.

Arbustes

- Framboisier (zones 2 et 3)
- Bleuetier (zones 3 et 4)
- Fraisier (zones 2 et 3)
- Mûrier (zone 2)
- Sureau (zone 3)
- Cassissier (zone 3)
- Camérisier (zone 3)
- Amélanchier (zone 3)
- Kiwi arctique (zones 2 et 3)

La serre : la solution pour prolonger la saison

La serre exploite le rayonnement solaire à son meilleur et reconstitue un environnement propice au développement des plantes. Un effet de serre y est créé, c'est-à-dire qu'une partie de la chaleur qui est produite reste enfermée à l'intérieur et améliore les conditions de croissance des plantes. Qui plus est, la serre protège vos récoltes contre les vents violents, les animaux et les insectes. Cet abri est donc tout indiqué pour produire de l'abondance au jardin. Voici quelques modèles pour vous inspirer !

> La serre est l'outil parfait pour prolonger la saison en la commençant plus tôt au printemps et en la terminant plus tard à l'automne !

Avant tout, il est très important de vous informer auprès de votre municipalité à propos de ce qui est permis comme bâtiment accessoire à votre résidence principale. Le Laboratoire sur l'agriculture urbaine présente une recension des municipalités qui autorisent la serre à la maison ainsi que la réglementation détaillée sur les dimensions, la hauteur, l'emplacement par rapport à la maison, etc.

La couverture flottante

La couverture flottante est généralement constituée d'une toile en fibres de polymère non tissées ou peut être faite à partir d'un vieux voilage récupéré si vous ne voulez pas dépenser un sou. Le but est de créer un microclimat et de protéger les cultures tout en laissant passer l'air, l'eau et la lumière. Soit on dépose la toile en plein sol, par-dessus les semis en sol, soit on installe des arceaux qui supporteront la toile pour les cultures transplantées. Ce n'est pas une solution miracle pour étirer ou devancer la saison, mais elle peut y contribuer légèrement, et ce, à peu de frais !

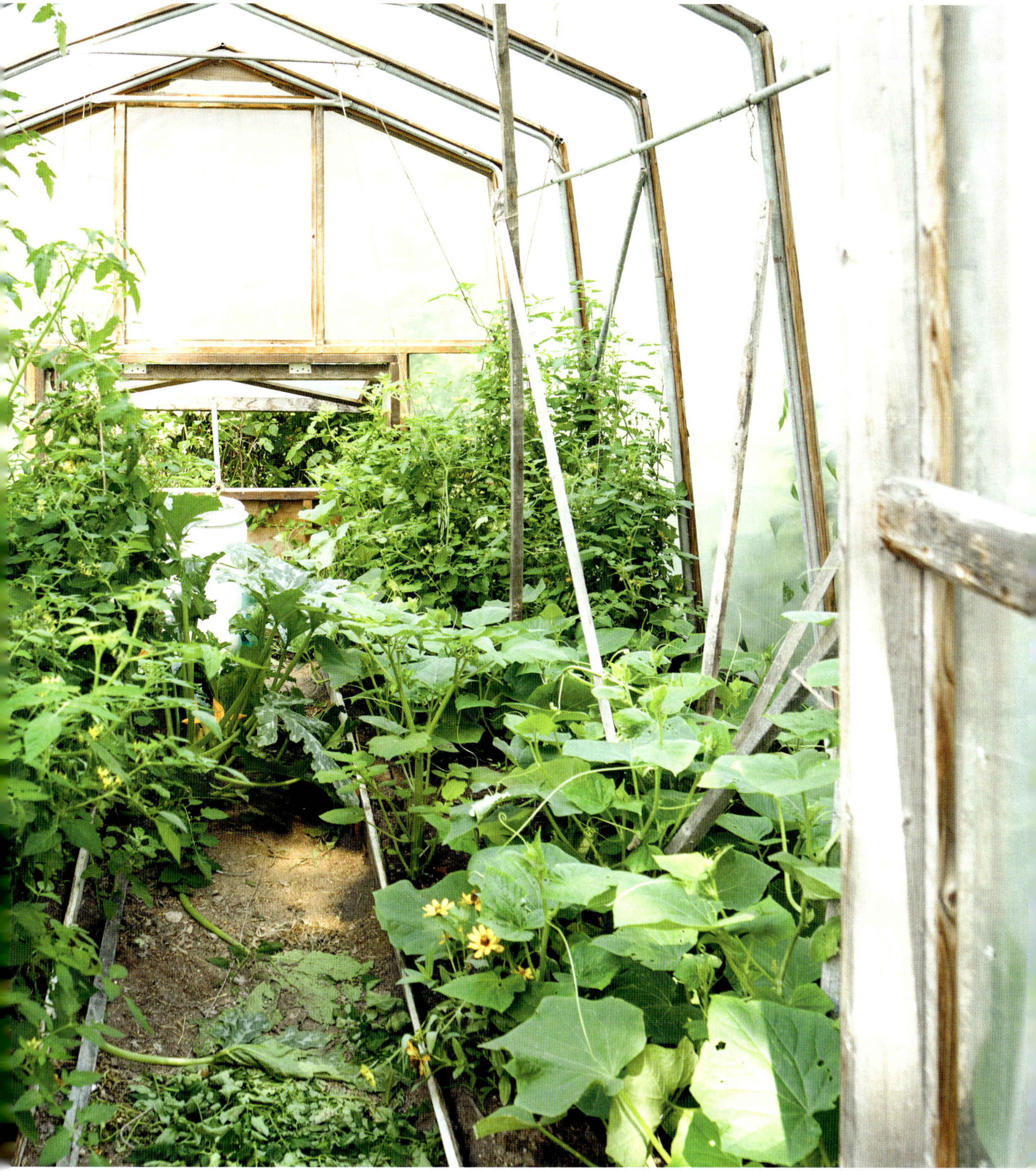

La serre froide

Une petite serre de jardin standard est habituellement construite en aluminium avec des parois en polycarbonate ou en polyéthylène. Elle permet d'acclimater les semis dès que la neige fond et de cultiver de nombreux légumes du printemps jusqu'à l'automne.

La serre adossée

Comme son nom l'indique, cette serre est adossée à un côté de la maison. Elle emmagasine bien la chaleur, profite de l'inertie thermique du bâtiment et est bien protégée du vent. Il est pratique d'installer un baril d'eau directement dans la serre pour que l'eau soit tempérée et facilement accessible afin de pouvoir remplir l'arrosoir.

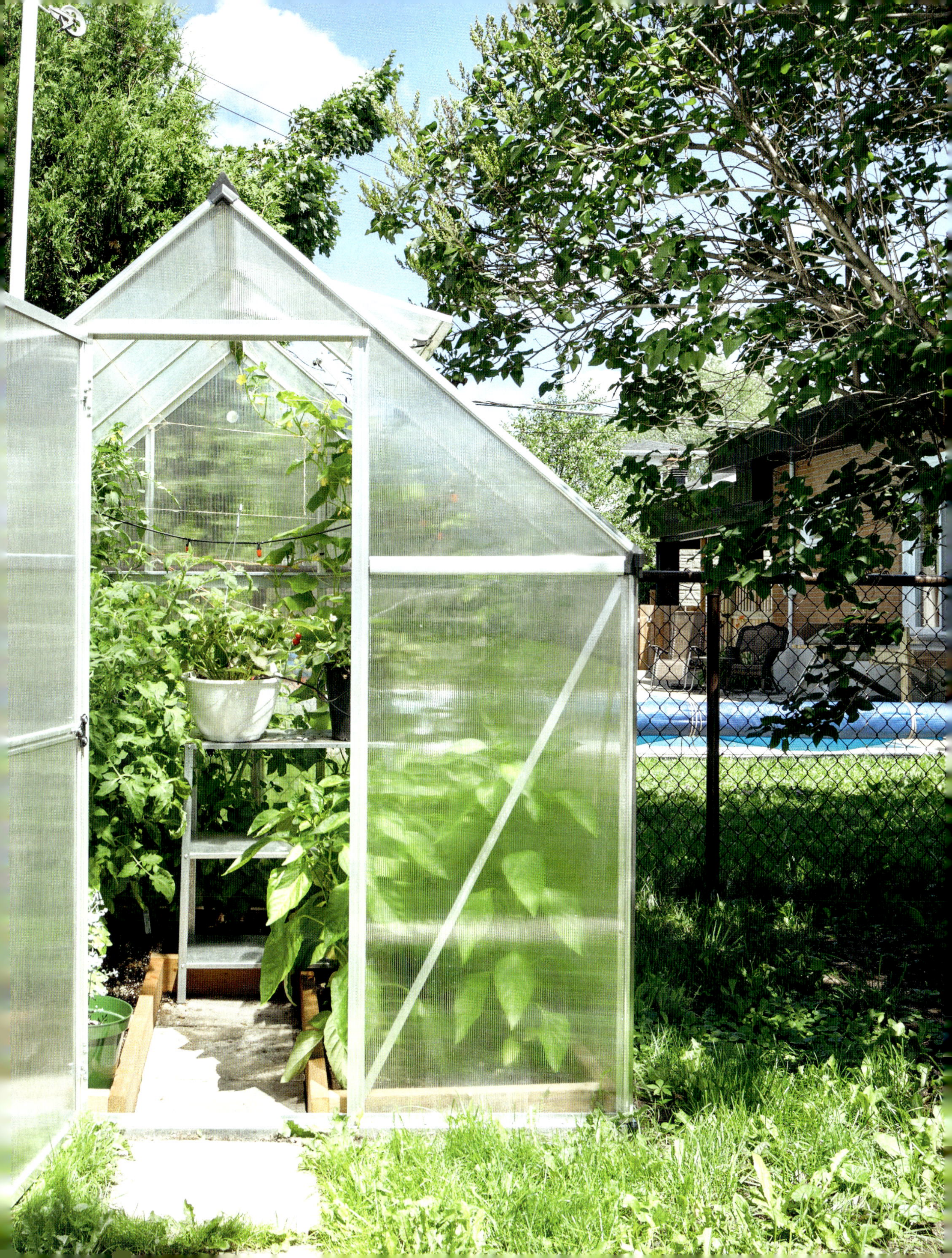

La serre permanente

Ce type de serre est installé de manière permanente et est habituellement composé d'une structure en aluminium et de parois en verre. Une fondation solide ainsi qu'un système de chauffage sont requis. En hiver, on y met des plantes d'intérieur, au printemps, des semis, puis en été, des légumes de chaleur, comme les tomates, les concombres et les poivrons.

Quelques conseils :

▶ Choisissez un endroit dans la cour qui est exposé à la lumière et qui est orienté vers le sud.

▶ Isolez les murs au nord et à l'ouest pour éviter les pertes de chaleur.

▶ Optez pour un vitrage incliné côté sud pour optimiser le passage de la lumière.

▶ Assurez une ventilation efficace pour évacuer l'excès d'humidité et prévoyez des ouvertures pour que les pollinisateurs puissent avoir accès à l'intérieur de la serre.

Les projets d'envergure

Des initiatives innovantes et passives permettent de cultiver des légumes toute l'année, comme une serre souterraine isolée avec des pneus récupérés ou un dôme géodésique permettant de capter et de retenir les rayons du soleil grâce à sa forme particulière. On voit même des gens récupérer des abris de voitures solidifiés avec du bois pour constituer leur serre. L'investissement de départ peut être considérable, tout dépendant du type d'installation et des matériaux utilisés. Mais si le projet permet de s'approvisionner à 75 % en légumes à l'année, le prix en vaudra la chandelle à long terme !

Retrouvez un exemple d'une serre de type earthship *à la page 198 !*

Photo serre : Shutterstock

L'arrosage est d'autant plus important sous la serre, puisque la pluie ne peut s'y rendre. Pour gagner du temps, pensez à mettre en pratique la méthode du goutte-à-goutte !

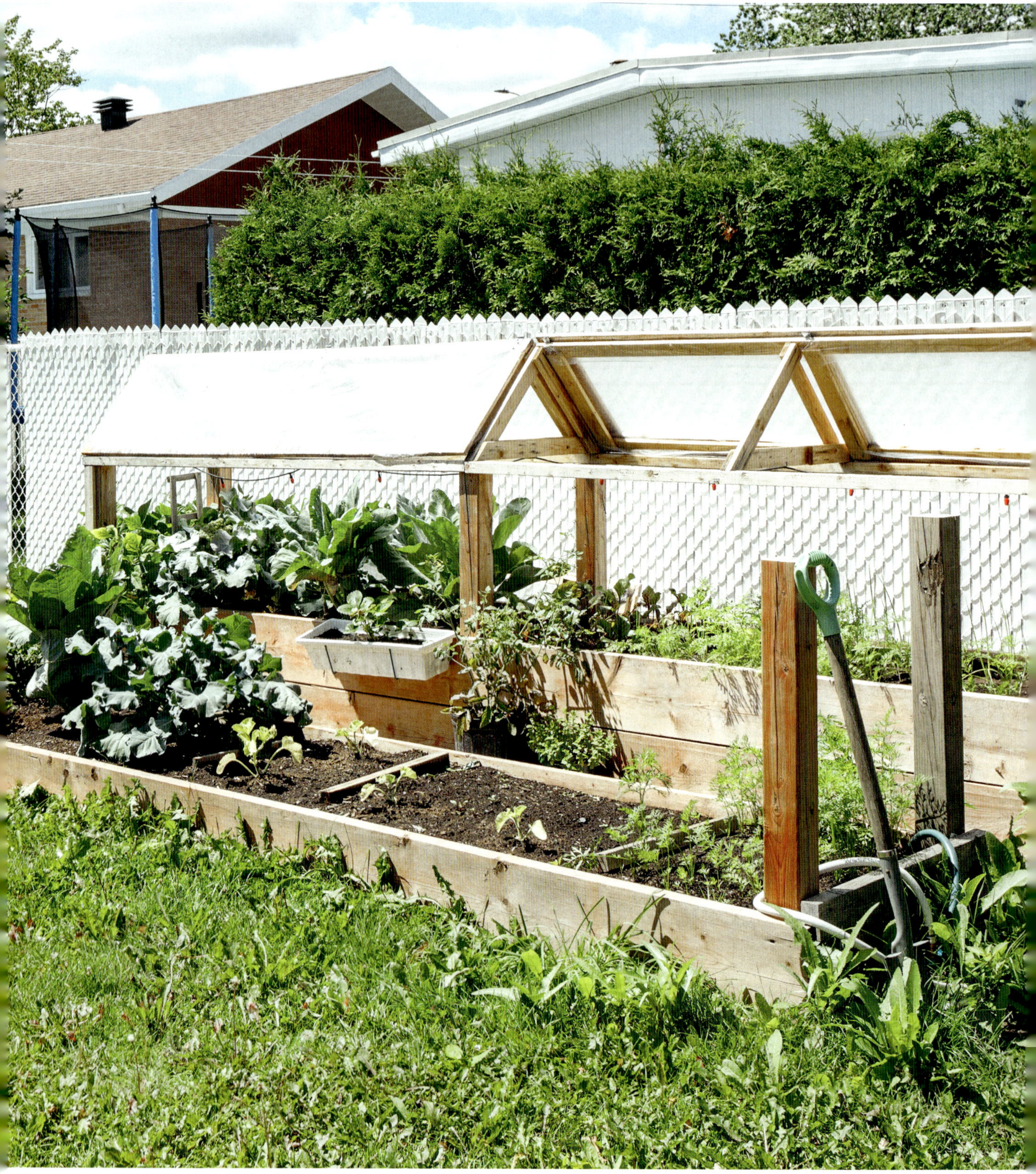

L'EXPÉRIENCE DE JEAN-MICHEL ET CATHERINE

Une seule serre, ce n'était pas assez pour des amateurs de jardinage comme Jean-Michel Bouchard et Catherine Laberge. Il y a trois ans, ils ont fabriqué eux-mêmes, derrière leur maison à Québec, un bac surélevé de 0,60 m x 4,28 m (2 pi x 14 pi), puis un deuxième qu'ils ont couvert avec du polyéthylène récupéré lors de la rénovation de la maison pour en faire une serre. Cette année, au printemps, ils ont acheté une petite serre en aluminium et en polycarbonate de 1,83 m^2 (6 pi^2) pour augmenter leur production de légumes.

Un désir d'autosuffisance en légumes ? Pas tout à fait, bien que cette idée soit très séduisante pour le couple. Sa petite production lui permet cependant d'avoir accès à une grande variété de légumes durant l'été et jusqu'à l'automne. « C'est un beau passe-temps de voir ça grandir et de pouvoir se dire que ce que tu manges, ce que tu cannes, ça vient de ton jardin », affirme Catherine. À cela s'ajoutent les volets éducation et plaisir pour les enfants, qui se servent dans les serres à volonté. « Ce que je leur dis, c'est : "Vous pouvez cueillir ce que vous voulez, à condition de le manger." Je ne veux pas qu'ils se mettent à cueillir plein de pois mange-tout, qu'ils les laissent dans un bol et que ça pourrisse là », ajoute Jean-Michel. Les favoris des enfants sont les pois mange-tout, les cerises de terre, les haricots jaunes et les carottes.

Pourquoi avoir acheté une deuxième serre ? « On voulait quelque chose qui dure, qui n'a pas besoin de beaucoup d'entretien. C'était une belle option », explique Jean-Michel. La serre leur a coûté aux alentours de 800 $, taxes incluses, et a été livrée à la maison. « Si on avait décidé nous-mêmes de poser des panneaux de polycarbonate, ce serait revenu au même prix, avec plus de cassage de tête », ajoute-t-il. Ils ont choisi en option une fenêtre qui s'ouvre pour les moments où la chaleur se fait trop intense à l'intérieur de la serre. La température se maintient entre 15 et 35 °C (59 et 95 °F).

Dans la serre *DIY* :
carottes, choux-fleurs, brocolis, radis, épinards, betteraves, verdures, cerises de terre, basilic, menthe, courgettes, fraises et persil.

Dans la serre achetée :
tomates, concombres, laitues, poivrons et cucamelons.

Les petits gestes qui changent tout

Voici une sélection de secrets de jardinier qui faciliteront votre saison de jardinage et limiteront le gaspillage. À vous de jouer !

Les végétaux que l'on ne pense pas à cuisiner

Il y a fort à parier que vous avez à la maison certaines vivaces, annuelles ou mauvaises herbes comestibles, et ce, sans même le savoir. Parmi celles que vous pouvez ajouter à votre assiette sans hésitation figurent notamment les feuilles de pissenlits, de capucines et de pourpiers, les boutons de marguerite, les crosses de fougères-à-l'autruche ainsi que les fleurs d'hosta et de pensées. Pour joindre l'utile à l'agréable, n'hésitez pas à adopter la tendance du *foodscaping*, qui consiste à garnir les platebandes et les boîtes à fleurs exclusivement de plantes comestibles.

Le tour du proprio

L'expression «loin des yeux, loin du cœur» prend tout son sens en matière de jardinage. Pour prévenir les ennuis, prenez l'habitude de faire une veille de votre potager chaque matin. De cette façon, vous pourrez corriger la situation très rapidement en cas d'infestation ou de carence. Profitez-en également pour cueillir les courgettes et les pois, puisqu'il s'agit de plantes potagères qui produisent davantage de fruits à mesure qu'on les cueille.

La récupération de l'eau de pluie

En période de canicule, il n'est pas rare que l'on doive arroser le potager plusieurs fois par jour, ce qui requiert une très grande quantité d'eau potable. Sachant que les plantes potagères peuvent très bien s'accommoder d'eau de pluie, il est tout indiqué d'installer un petit système de récupération des eaux de pluie dans la cour ou sur le balcon. Vous trouverez dans les centres jardin et les quincailleries des contenants spécialement conçus à cet effet, mais un simple baril positionné sous la gouttière fera aussi très bien l'affaire!

La cueillette des semences

Il est facile de récupérer les semences de certaines plantes potagères et fines herbes dans le but de les semer l'année suivante. Voici comment procéder.

Les semences doivent être séchées avant d'être conservées pour éviter qu'elles ne moisissent ou ne germent. Elles se conserveront dans une enveloppe de papier que vous entreposerez dans un endroit sombre.

Laitues

Laissez un plant monter en graines, puis attendez l'apparition de fleurs. Retirez les graines des fleurs en tirant sur les aigrettes de ces dernières, c'est-à-dire les faisceaux de poils blancs. Frottez les graines entre vos mains afin que les aigrettes se détachent des graines.

Haricots

Laissez mûrir et sécher entièrement la gousse d'un haricot sur le plant, puis écossez-la pour en retirer les haricots.

Poivrons et piments

Laissez d'abord un poivron ou un piment mûrir très longtemps sur le plant. À l'aide d'un couteau propre, coupez le fruit en deux, puis retirez les graines. Laissez sécher les graines au soleil pendant une journée.

Tomates

Laissez d'abord une tomate mûrir très longtemps sur le plant. À l'aide d'un couteau propre, coupez le fruit en deux, puis retirez les graines à l'aide de la pointe du couteau. Laissez les graines tremper dans un petit bol d'eau pendant 36 heures afin de les libérer de la gélatine qui les enrobe. Épongez bien les graines à l'aide d'un papier absorbant pour les sécher.

Fines herbes

Les semences de l'aneth, de la ciboulette, du basilic, de la coriandre, de la lavande, de l'origan et de la menthe peuvent être récoltées. Laissez un plant monter en graines, puis attendez l'apparition de fleurs. Secouez les fleurs au-dessus d'une enveloppe en papier pour récolter les semences.

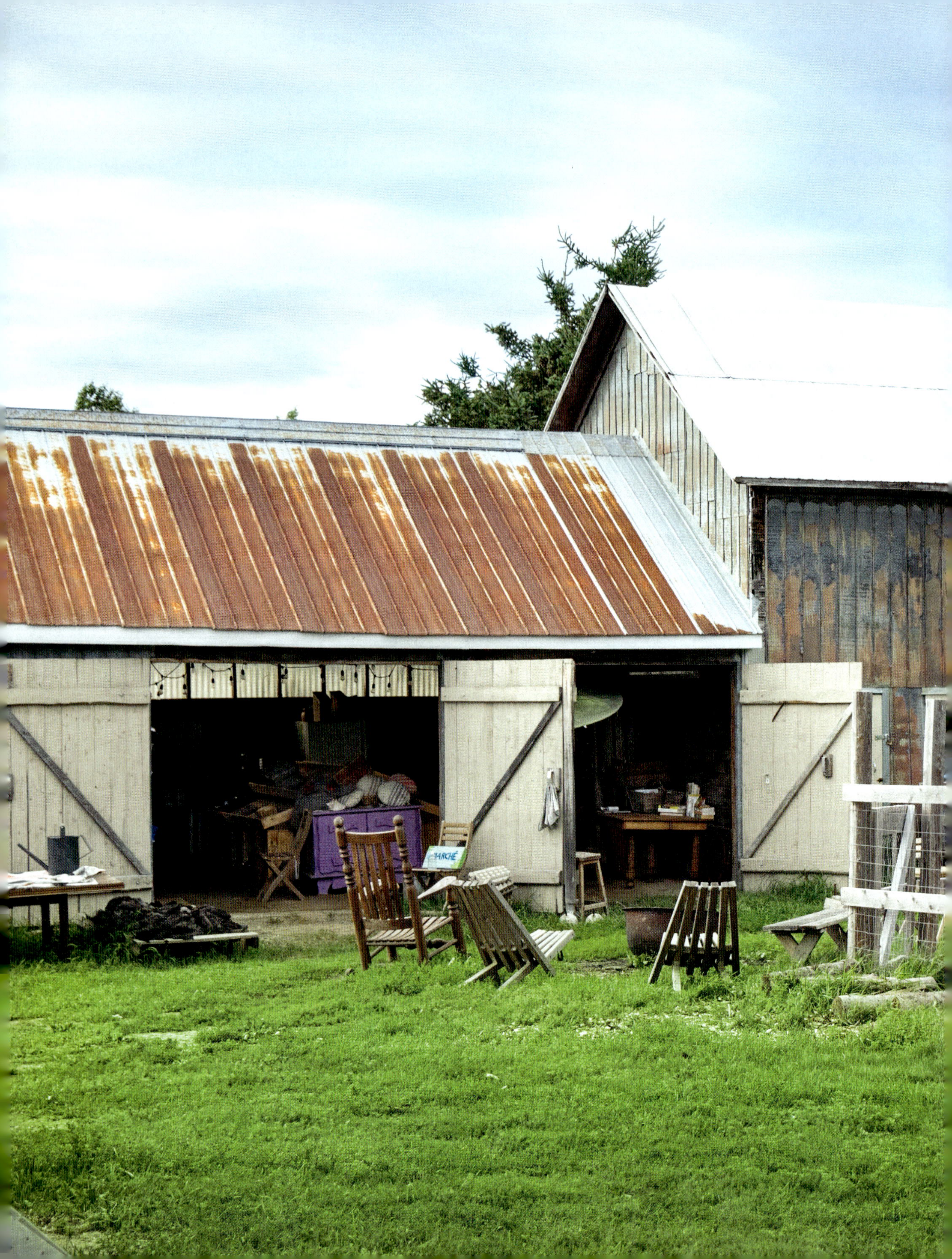
MARCHÉ

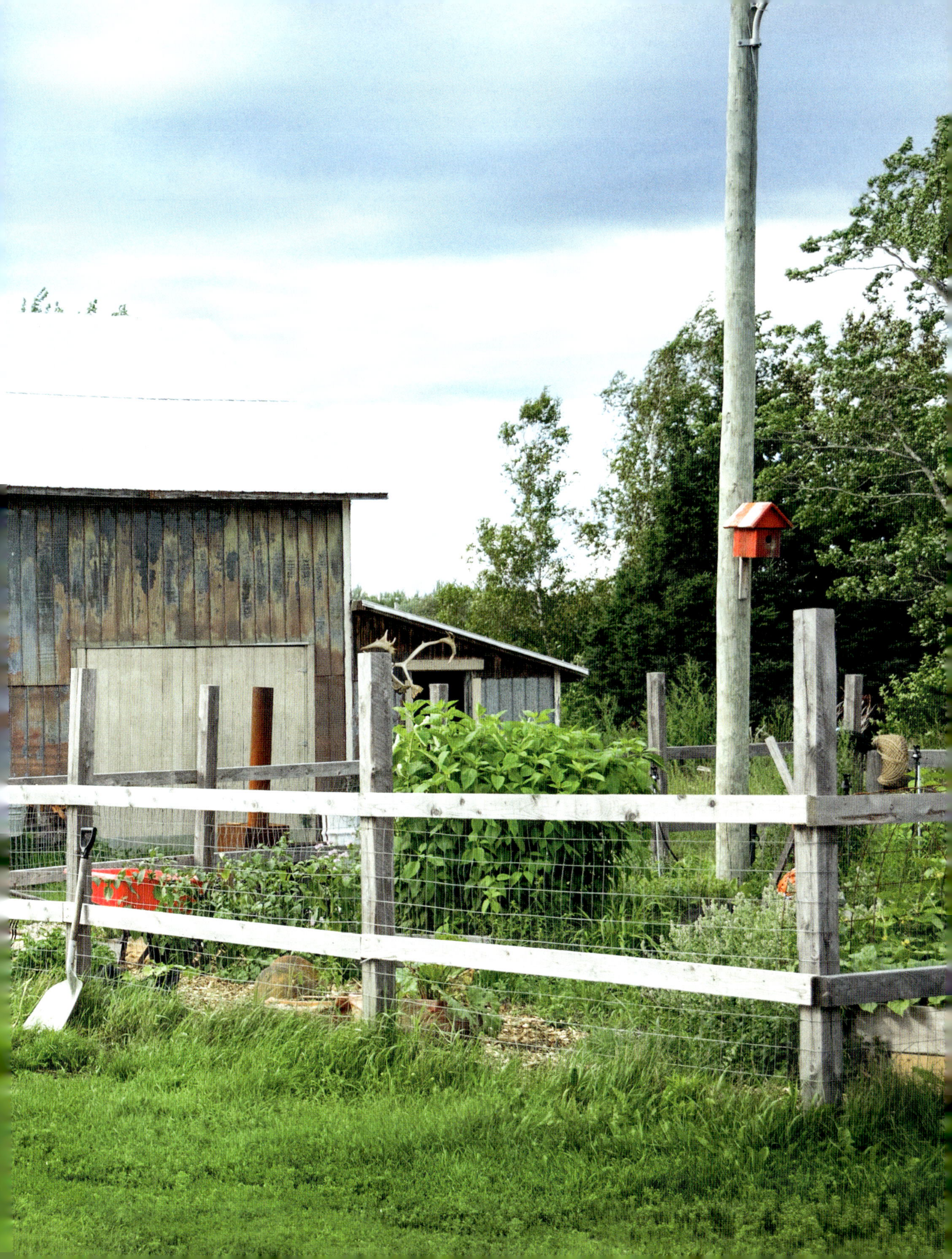

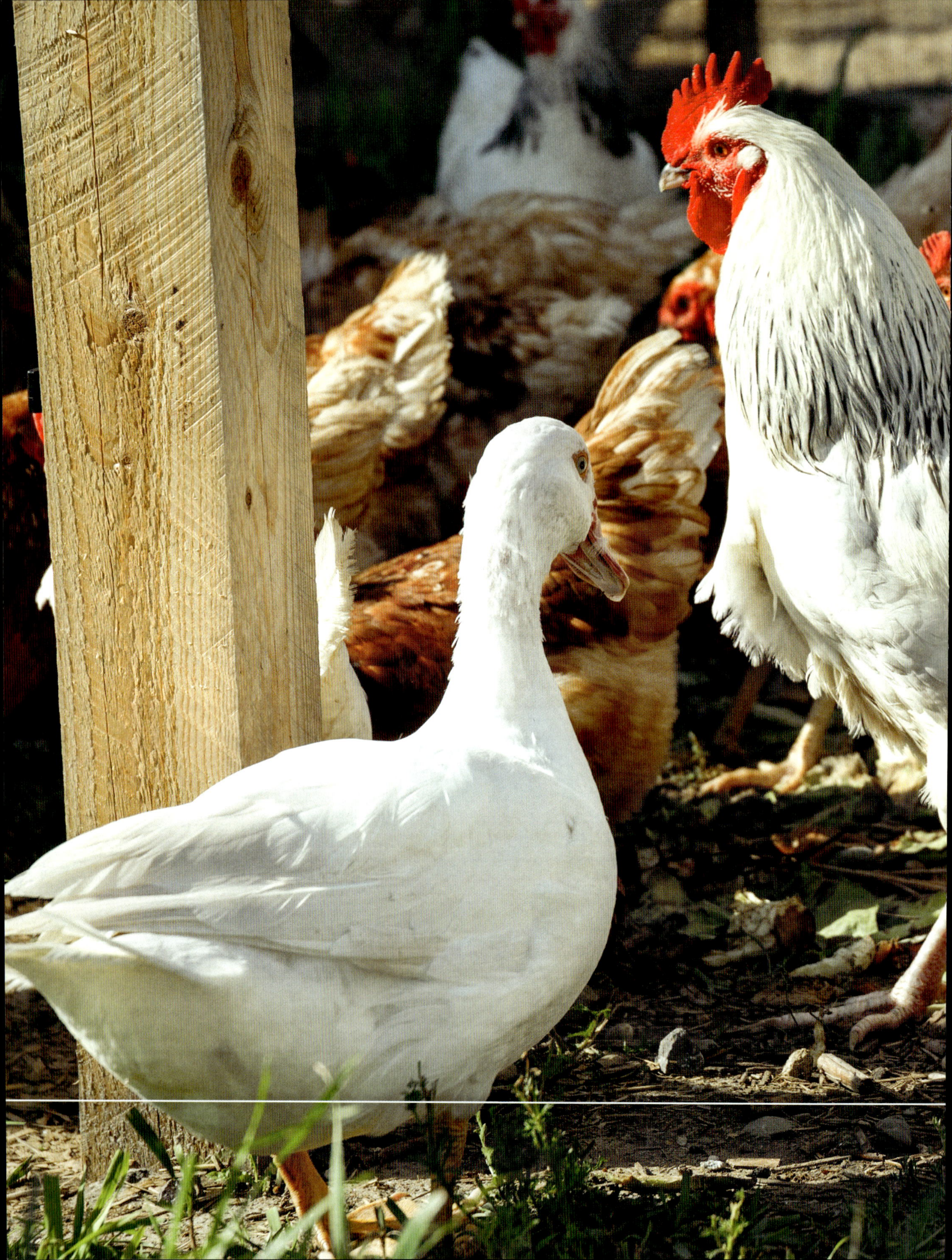

ÉLEVAGES MAISON

La poule,
reine de l'élevage à domicile

Aller chercher des œufs frais chaque matin ou presque dans sa propre cour est un rêve que caressent beaucoup de gens. Et c'est un rêve accessible ! D'ailleurs, un nombre croissant de propriétaires se lancent dans l'installation d'un poulailler à la maison, car de plus en plus de municipalités le permettent. Pour mieux comprendre les besoins, les implications et l'investissement requis, nous avons rencontré un expert qui nous a généreusement présenté son poulailler derrière sa résidence à Saint-Isidore, en Beauce.

Martin Boisvert s'est lancé dans un parcours vers une plus grande autonomie alimentaire en 2013. De formation en formation, il s'est initié notamment à la culture d'une forêt nourricière, à la garde de poules, à la permaculture ainsi qu'au jardinage écologique. En plus d'occuper un emploi au ministère de l'Environnement du Québec en gestion intégrée de l'eau, Martin est conseiller municipal et possède une entreprise qui vise à rendre accessible la permaculture au grand public. Il passe beaucoup de temps à s'occuper de ses cultures maraîchères, de ses arbres fruitiers et de ses animaux. « Avec mes trois enfants, on avait ce projet-là de pouvoir se nourrir le plus possible à la maison, de la nourriture la plus saine qui peut exister. J'avais en tête la vision des enfants qui reviennent de l'école ou de la garderie et qui vont chercher des fraises, des framboises… Je trouvais ça génial qu'on puisse leur offrir ça. »

En 2016, il achetait ses premiers poussins, alors que le poulailler n'était pas encore sur pied. Il les gardait à l'intérieur dans une cage à chien qu'il avait transformée en poussinière. « Je voyais mes poussins grandir à vue d'œil, tout entassés. J'ai construit mon poulailler express. » C'est ainsi que, de fil en aiguille, le poulailler a pris forme, et que l'intérêt pour la garde de poules s'est accru. Maintenant, Martin offre des formations et des conférences, et produit des capsules vidéo pour faire connaître sa passion et encourager les gens intéressés par la garde de poules à se lancer dans l'expérience d'un poulailler à la maison, tout en mettant en place des pratiques respectant cet animal générateur d'abondance.

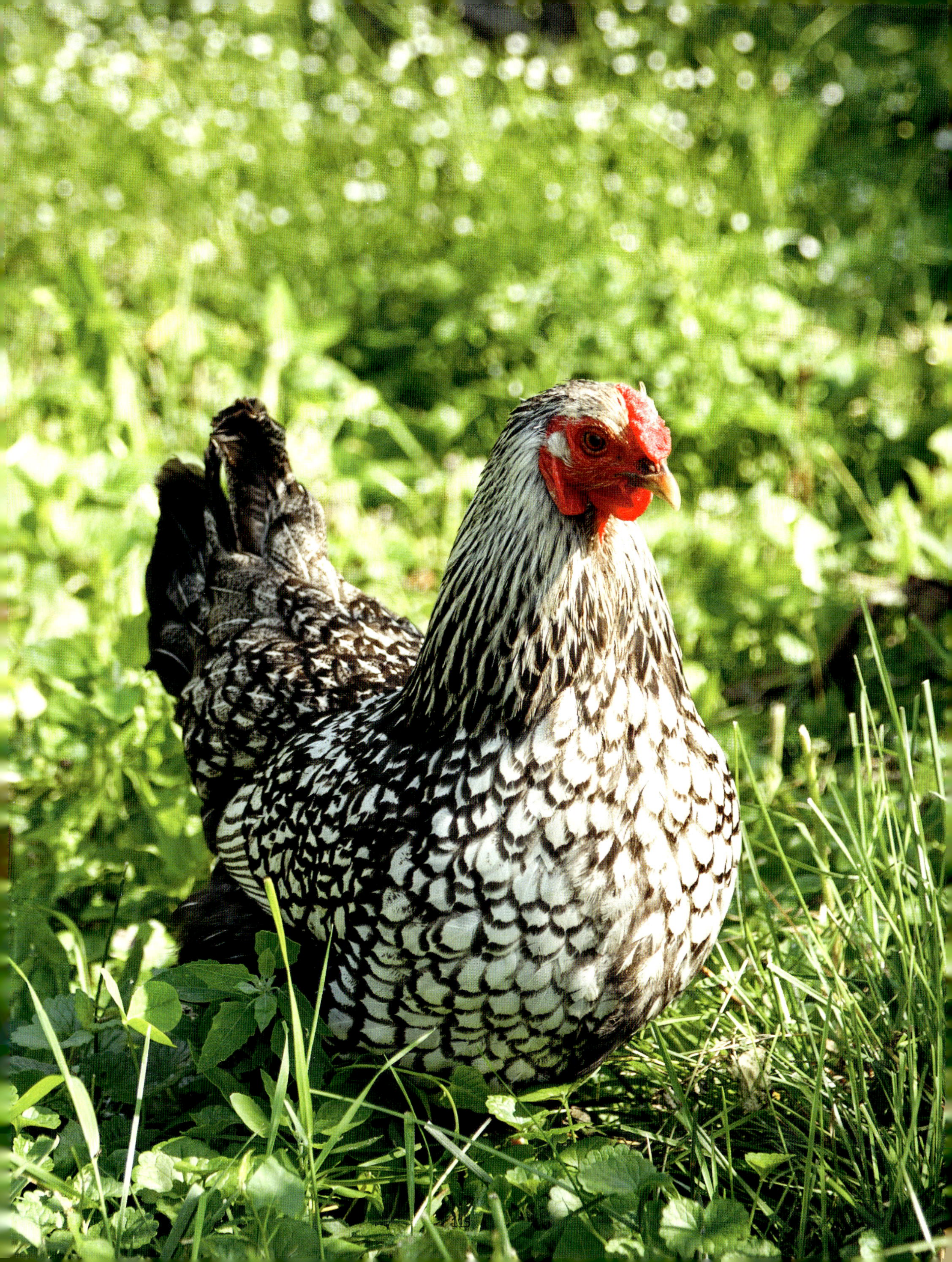

Le poulailler en détail

Un poulailler est somme toute assez simple à construire. Il doit comporter un abri dans lequel se trouveront un pondoir (un nid intime où la poule ira pondre), un perchoir, une mangeoire et un abreuvoir. Celui-ci doit idéalement bénéficier d'ombre une bonne partie de la journée pour éviter qu'il n'absorbe trop de chaleur en période estivale, faute de quoi il doit être bien ventilé. Il est recommandé de prévoir 0,4 m² (4 pi²) par poule, incluant l'abri et l'enclos. À titre d'exemple, le poulailler de Martin a une surface de 1,8 m x 1,2 m (6 pi x 4 pi), excluant l'espace pondoir, qui doit avoir un volume d'environ 0,03 m³ (1 pi³). Six poules peuvent donc y vivre aisément. Il est également très important de prévoir l'accès à un espace extérieur. Celui-ci doit offrir un espace minimum de 0,9 m² (10 pi²) par poule afin que ces dernières puissent avoir accès au sol et exprimer leurs comportements naturels. Cela contribuera également à enrichir les pâturages!

En ce qui a trait aux matériaux, Martin a utilisé du contreplaqué standard et des madriers de 5 cm x 7,6 cm (2 po x 3 po). Il a traité le bois naturel avec de l'huile de lin (à l'intérieur et à l'extérieur de la structure) et n'a pas eu besoin de répéter le traitement depuis la construction, il y a sept ans. Il laisse les poules circuler directement sur le plancher, sur lequel il a ajouté de la litière, soit un tapis de copeaux de bois d'une épaisseur de 3 ou 4 cm (1 ou 1 ½ po) afin de capter les fientes (déjections).

La toiture, elle, n'a qu'un versant, aucun pignon, et est en bardeau de cèdre : un matériau idéal qui n'absorbe pas la chaleur. Car sachez que les poules tolèrent beaucoup plus facilement le froid que la chaleur ! À l'extérieur, les poules doivent absolument avoir accès à des coins d'ombre. Sur le sol, qu'elles peuvent rapidement désherber, on peut étaler de la paille et des feuilles mortes (une bonne façon de récupérer les vôtres et celles de vos voisins !). Les poules auront également besoin d'un bain de poussière : elles creusent dans le sol et s'enduisent le plumage de sable, ce qui les aide à se débarrasser des parasites et à se rafraîchir lors des journées chaudes. Si vous les voyez avec le bec grand ouvert, c'est qu'elles ont chaud et qu'elles ont besoin d'évacuer la chaleur.

Si Martin avait une chose à changer dans son poulailler, ce serait l'accès aux pondoirs. Ceux-ci sont situés à l'extérieur de l'abri, ce qui est bien, mais la trappe sur le dessus est assez lourde, faisant en sorte que le pondoir est difficilement accessible pour les enfants. S'il repartait à zéro, il installerait plutôt une trappe sur le côté, ce qui diminuerait par le fait même la pénétration de l'eau.

Les perchoirs

Les poules, pour se sentir en sécurité, voudront se percher au point le plus haut qui leur est accessible. C'est pour cette raison que l'on verra parfois des poules grimper dans des conifères. Pour installer un perchoir, on peut prévoir environ 46 cm (1 ½ pi) de hauteur afin de dégager l'espace en dessous. Si elles ont besoin de se reposer ou de dormir, les poules grimperont sur le perchoir. En hiver, elles s'y installeront et se colleront les unes aux autres pour bénéficier de la chaleur du groupe, tout en couvrant leurs pattes avec leur plumage.

$

Si vous construisez vous-même votre poulailler, principalement avec des matériaux recyclés, vous vous en tirerez à peu de frais. Si vous achetez un poulailler déjà construit, cela peut coûter de 300 $ pour un modèle d'entrée de gamme à 1 000 $, et même plus pour un produit de qualité supérieure. Comptez environ 150 $ pour l'équipement de base et environ 30 $ par poule par année en frais récurrents.

Attention à la réglementation municipale!

Plusieurs municipalités permettent maintenant la garde de poules, notamment Québec, Sherbrooke, Gatineau et Drummondville. Si elles l'autorisent, le règlement peut cependant contenir des dispositions concernant la grandeur du terrain nécessaire, la distance par rapport aux lignes de propriété ainsi que les spécifications liées au poulailler et à la disposition des fientes. Vous devez vous informer des modalités auprès de votre municipalité avant de vous lancer dans l'expérience d'un poulailler à la maison.

À noter: la plupart des municipalités interdisent la garde d'un coq en raison des nuisances sonores.

LA POULE, UTILE AU POTAGER!

Si vous souhaitez préparer une surface de sol pour y aménager un potager, demandez de l'aide à vos poules! Les poules vont manger l'herbe, enrichir le sol de leurs fientes et brasser le sol. Pour la première année, il n'est pas recommandé de planter des légumes-racines dans cet espace en raison d'un possible risque de présence de pathogènes dans les fientes des poules.

Choisir ses poules

Ce qui peut être intéressant dans le volet de l'autonomie alimentaire selon Martin Boisvert, c'est de maximiser les différentes utilités des poules. « Par exemple, la dynamique ici est que parmi les variétés de poules que l'on accueille, il y en a qui sont pondeuses, mais aussi que l'on peut manger. » Lorsqu'on achète des œufs fécondés de poules de race, on ne connaît pas la proportion de mâles ou de femelles que l'on obtiendra. C'est en quelque sorte la loterie de la vie! Toutefois, en choisissant des races pouvant être consommées, les jeunes coqs pourront nourrir la famille. Il est également possible d'acheter des œufs fécondés et de les faire livrer par la poste afin d'avoir une grande diversité, puis de les déposer dans un incubateur à la maison. Sinon, on peut acheter des poules adultes dans les coopératives agricoles ou auprès de petits éleveurs. Il est alors recommandé de les réserver l'hiver en prévision d'une acquisition au printemps.

Il faut compter minimalement trois poules pour son poulailler. Pourquoi trois? Parce que ces oiseaux vivent en groupe et, souvent, ils se suivent. Il y a même une hiérarchie qui s'établit parmi les poules! On trouve une poule dominante et des poules dominées, et cette dynamique s'installe tout naturellement. Elle a par contre son inconvénient : lorsqu'on introduit de nouvelles poules, les poules dominantes rejettent les nouvelles venues, car leur rang hiérarchique est menacé à leurs yeux. Il faut donc trouver des stratégies pour faire une transition. Une solution consiste à mettre les nouvelles poules en contact avec le groupe existant, mais indirectement, à travers un grillage par exemple. Ainsi, pendant environ deux semaines, elles se côtoieront sans pouvoir se picorer. Un enclos en deux sections avec une séparation amovible est un choix judicieux : un espace pour le groupe de poules existant, et un espace pour accueillir les nouvelles venues et les poussins. Après deux ou trois semaines, on peut tenter d'ouvrir l'espace et observer ce qui se passe. Il y aura assurément des comportements de rejet de la part des poules du groupe existant, mais ceux-ci s'estomperont avec le temps.

À noter qu'il est possible que la poule qui a couvé des œufs (même si ce n'est pas les siens, la poule a un instinct de couvaison) veuille protéger les poussins. Il est préférable de faire couver les œufs dans un endroit séparé afin que la poule puisse élever ses petits pendant quelques semaines à l'écart des autres.

Les types de poules

Il y a deux types de poules : les poules hybrides et les poules de race. Voici ce qu'il y a à savoir sur chacune d'elles.

La poule hybride (rousse, blanche, grise, noire)

Les poules hybrides (croisement de deux races) sont celles que l'on trouve dans les poulaillers commerciaux, car elles pondent beaucoup, et elles sont réputées pour être résistantes au froid et aux maladies. Dès qu'elles sont prêtes à pondre, vers l'âge de 20 semaines, elles donnent presque un œuf par jour pendant environ 13 ou 14 mois, après quoi la fréquence de ponte diminue rapidement. Mais pondre un œuf par jour est très exigeant selon Martin, c'est pourquoi elles vivent rarement plus de cinq ans. Les poules hybrides coûtent en moyenne de 12 à 20 $ et peuvent être achetées dans les coopératives agricoles. La poule rousse est possiblement la plus connue des poules hybrides. Elle est une excellente pondeuse.

La poule de race

Les poules de race commencent à pondre vers l'âge de 5 à 8 mois, selon la race et les conditions. Elles pondent certes moins d'œufs par semaine que les poules hybrides, mais elles le font plus longtemps au même rythme, soit pendant deux ou trois ans, et diminuent la fréquence par la suite. Selon Martin Boisvert, c'est « un rythme qui favorise leur bien-être ». La poule de race peut dépasser les dix années de vie. La performance de ponte dépend de la race, mais aussi de la génétique de la poule ainsi que de l'environnement dans lequel elle vit. « Ce sont des marathoniennes qui ont une production de plus long cours *versus* les poules hybrides qui sont des sprinteuses et qui donnent une *go* au départ », illustre Martin. Par exemple, une poule Chantecler pond environ 200 œufs par année pendant deux ou trois ans. Si on calcule avoir besoin de 800 œufs dans une année, il faudra quatre poules Chantecler au poulailler. À l'achat, les poules de race coûtent en moyenne de 20 à 40 $, mais les prix peuvent grimper davantage selon la race. Il faut s'adresser aux petits éleveurs pour les acquérir.

Voici quelques races de poules populaires au Québec

- Chantecler (une race du Québec)
- Wyandotte
- Brahma
- Plymouth Rock
- Cochin
- Orpington
- Ameraucana
- Rhode Island Red

Toutes ces races ont deux caractéristiques en commun, et ce sont les plus importantes pour Martin : elles sont parmi les plus résistantes aux rigueurs de l'hiver et elles peuvent être mangées.

Martin, lui, a opté pour des poules de races Wyandotte, Cochin, Brahma, Faverolles et Orpington.

QUESTION DE TEMPÉRAMENT

Bien que l'on puisse entendre que certaines poules sont plus dociles que d'autres, il faut savoir que le tempérament de ces animaux peut varier selon plusieurs facteurs. La race de la poule, sa personnalité et son expérience de vie pourront notamment influencer son comportement.

Les œufs

Les poules pondent souvent le matin. À l'intérieur de la poule, il y a ce que l'on appelle un chapelet d'œufs : une série d'œufs aux différents stades de développement pour un total d'environ 14. Une fois que la poule a pondu son chapelet d'œufs, elle peut prendre une pause de quelques jours, parfois un peu plus d'une semaine : elle se «régénère». La poule hybride, elle, prend peu de pauses, voire aucune. Elle enfile les chapelets, ce qui peut hypothéquer sa santé et sa longévité.

Les œufs sont naturellement protégés contre la pénétration de bactéries et de pathogènes qui pourraient affecter leur qualité grâce à une pellicule antibactérienne appelée «cuticule». Un œuf qui n'est pas lavé peut donc habituellement être conservé sur le comptoir de 5 à 6 semaines. Si les œufs sont très souillés, on les nettoie avec un linge doux, après quoi on doit les mettre au réfrigérateur.

> Les œufs que l'on trouve en épicerie en Amérique du Nord sont systématiquement lavés et désinfectés, et ainsi débarrassés de leur cuticule. C'est la raison pour laquelle on les trouve dans le rayon des produits réfrigérés. En Europe, les œufs ne sont pas lavés et sont disposés sur les tablettes des supermarchés.

Votre poule prend-elle une pause de ponte ?

La ponte n'est pas un signe de santé de l'animal, car la poule peut pondre au détriment de sa santé. Un arrêt peut être causé par diverses raisons, comme une période de couvaison : une poule peut se mettre à couver même si les œufs ne sont pas fécondés. Dans ces cas-là, on peut accepter tout simplement que la poule ait son instinct maternel de couvaison et qu'elle ne ponde pas. On peut aussi décider de l'isoler dans un endroit approprié quelques jours afin qu'elle change d'état d'esprit.

D'autres raisons peuvent expliquer que la poule arrête de pondre, comme une maladie ou un stress. Cela peut être dû à un manque d'espace, par exemple. Par ailleurs, si on achète une poule qui a déjà commencé à pondre, elle pourrait être stressée par le transport et le nouvel environnement, et pourrait donc avoir besoin d'un moment d'acclimatation avant de se remettre à pondre. Il est d'ailleurs important, lorsqu'on intègre une nouvelle poule au poulailler, de lui laisser le temps de s'habituer à sa nouvelle maison, à sa famille d'accueil, à ses colocs animaliers et à son environnement en limitant les sources de stress.

Chez la plupart des poules, on note une diminution de la ponte, voire un arrêt à partir du second hiver en raison de la baisse de luminosité, qui peut aller de la mi-octobre à la fin février.

Pendant la saison froide, certaines personnes vont choisir d'installer une lumière dans le poulailler, et de l'allumer 14 heures par jour pour que les poules continuent à pondre à un rythme régulier. Martin, lui, voit la chose autrement. «Tout naturellement, elles prennent un *break*, et c'est correct, quitte à devoir aller s'acheter des œufs, tout simplement.»

Le coq

Le coq a différents rôles, notamment celui de protecteur et de pourvoyeur de nourriture. Lorsqu'on introduit de nouvelles poules dans le groupe existant, les poules dominantes rejettent les nouvelles venues, alors que le coq est heureux de voir le groupe s'agrandir. Comme il est plus costaud, il va calmer le jeu à sa façon et mater les plus agressives. Évidemment, il peut féconder les œufs, donc si l'on souhaite faire une reproduction naturelle chez soi, c'est l'idéal. De plus, le coq est souvent en retrait du groupe et demeure à l'affût des prédateurs potentiels.

Qu'est-ce qu'elle mange, la poule ?

La poule est un animal omnivore qui a besoin d'une bonne diversité alimentaire. Par le fait même, plus les sources de nourriture sont diversifiées, plus la qualité nutritionnelle de l'œuf sera grande. La poule mange en moyenne de 100 à 150 g (environ ⅓ de lb) de nourriture par jour. En plus de la moulée qu'on lui sert, elle se nourrira d'herbe, d'insectes, de vers de terre, de bouts de racines et de limaces qu'elle trouvera en grattant le sol. Elle attaquera aussi les bestioles de passage, comme les grenouilles, les souris ou les couleuvres. Elle pourra se nourrir dans le compost qu'on mettra à sa disposition, dans lequel on déposera (idéalement le matin) nos restes de table, même la viande.

Certaines matières ne sont pas recommandées pour les poules, comme les pelures d'avocat et de pommes de terre crues et les œufs crus. « On peut aussi se fier à l'intelligence de l'animal, car l'animal ne va pas se gaver d'aliments qui ne lui conviennent pas », explique Martin. Des listes d'aliments à proscrire sont disponibles sur Internet.

La moulée

La moulée est importante comme base alimentaire de la poule, et on la laissera à sa disposition, sans rationnement, dans une ou plusieurs mangeoires placées dans le poulailler. Mais plus la poule a accès à autre chose, moins elle mangera de moulée. Celle-ci doit être équilibrée en protéines, vitamines et minéraux, et doit être disponible en tout temps. La moulée est vendue dans les coopératives agricoles et dans certaines animaleries, en version standard ou biologique. Un sac de moulée standard de 40 kg coûte environ 22 $ – il faut débourser à peu près le double pour l'option biologique – et c'est ce dont a besoin une poule dans une année.

Selon le fabricant, la moulée peut être achetée sous forme de grains moulus ou de granules, appelées couramment « nourriture cubée ». Peu importe la forme, il existe essentiellement trois types de moulée correspondant aux trois stades de développement de l'animal :

1 La moulée de « début », de granulométrie fine, est offerte aux poussins, de leur naissance jusqu'à environ 4 semaines ;

2 Après 4 semaines et jusqu'à l'amorce de la ponte, les juvéniles doivent avoir accès à de la moulée de « croissance », qui est notamment riche en protéines pour soutenir leur croissance ;

3 Lorsque la poule amorce sa ponte, il faut lui offrir de la moulée de « ponte », notamment enrichie en calcium afin de permettre la formation d'une coquille d'œuf solide.

L'hydratation

La poule a besoin d'eau fraîche en tout temps. Il est possible de fabriquer un abreuvoir avec une chaudière surélevée et fermée sous laquelle on installera des tétines à volaille. Ce type d'abreuvoir permet de garder l'eau propre et peut être installé dans l'enclos. Un abreuvoir au sol convient aussi ; cependant, il se remplira rapidement de sable et d'autres matières, rendant l'eau impropre. Pour l'abreuvoir surélevé, il faut montrer aux poules à l'utiliser si elles ne sont pas habituées. On prend la poule sous son corps en coinçant doucement ses ailes avec ses pouces, on la colle sur soi, et, avec la main, on dirige son bec vers l'embout. Dès qu'elle touchera à la tige de métal avec son bec, des gouttes d'eau perleront. Elle apprendra assez rapidement à l'utiliser. À noter aussi qu'il existe des abreuvoirs chauffants résistants au froid de l'hiver.

Pour soulever une poule, on la prend sous son corps en coinçant doucement ses ailes, et on la colle sur soi.

L'entretien du poulailler

Il est bien important de remplacer la litière du poulailler régulièrement. Martin Boisvert n'a pas de recommandation précise quant à la fréquence : il s'agit d'observer et de juger le bon moment, lorsqu'on voit qu'il y a beaucoup de fientes dans la litière. La fréquence dépend du temps passé par la poule à l'intérieur du poulailler, du nombre de poules, de la superficie du plancher, etc. Dans le cas de Martin, c'est une tâche qu'il effectue une fois par mois. Pour sa part, au moment de nettoyer l'espace pondoir, il dépose un bac à son extrémité, qui n'a pas de rebord, et racle ce qui se trouve sur le sol. La poule fait en moyenne deux livres de fientes par semaine, dont la moitié durant la nuit.

Cette matière ainsi ramassée peut être déposée dans le compost. Le compost deviendra alors très riche, notamment en azote, grâce aux fientes de l'animal. Il faudra le garder en dormance sans rien y ajouter pendant une année avant de l'utiliser pour enrichir le potager. Si l'on utilise des copeaux de bois résineux, il faudra parfois attendre jusqu'à quatre ans avant que le mélange soit assez bien composté pour être retourné à la terre pour le potager. Il est toutefois possible d'en mettre au pied des arbres.

Comme vous changerez fréquemment la litière du poulailler, les odeurs n'auront pas le temps de s'installer !

Et l'hiver, on fait quoi ?

La majorité des races de poules vivent bien avec une température de -10 °C ou de -15 °C. Elles sont en mesure de s'isoler elles-mêmes en gonflant leurs plumes et en créant ainsi une couche d'air. Il faudra par contre s'assurer que le poulailler demeure sec en coupant toutes les sources d'humidité, soit en installant des trappes de ventilation. En ayant un poulailler surélevé, on évite l'humidité provenant du sol. On peut aussi placer l'abreuvoir à l'extérieur.

Lors des mois d'hiver, il est nécessaire d'intégrer une source de chauffage au poulailler, soit une lampe chauffante munie d'un abat-jour pour ne pas que les poules se collent sur le globe et s'y brûlent. Le meilleur choix est l'ampoule chauffante en céramique, qui peut aller jusqu'à 250 watts et qui ne produit aucune lumière, contrairement à l'ampoule à infrarouge, qui génère de la lumière et empêche les poules de bien dormir la nuit.

Par ailleurs, les poules ont aussi besoin de se dégourdir les pattes en hiver. En installant une protection autour de l'enclos, comme une toile en polyéthylène, on bloque ainsi les vents dominants, ce qui favorise la sortie de l'animal. Et comme les pattes des poules ne sont pas isolées, il est important que la neige où elles circulent soit tapée ou, mieux encore, pelletée. On peut également y déposer de la litière que l'on a retirée de l'espace pondoir afin de créer un tapis confortable ; on pourra ensuite la mettre au compost le printemps venu.

Les poules que l'on mange

Il existe des races de poules qui sont réputées pour leur chair tendre, notamment la Chantecler et la Plymouth Rock. Les poules hybrides, quant à elles, ne sont pas de bons choix pour la consommation, car elles ont peu de chair.

Selon l'expérience de Martin, les poules à double utilité peuvent vivre jusqu'à un an et demi ou deux ans avant d'être abattues. Comme elles ont développé leurs muscles au courant de leur vie, et que ceux-ci seront un peu plus fermes au moment de l'abattage, cette chair sera plus goûteuse. Il est ainsi nécessaire d'opter pour une cuisson lente, à feu doux (dans la mijoteuse, par exemple), pour obtenir un poulet tendre.

La stratégie mise en place depuis quelques années par Martin est d'élever de nouveaux poussins provenant de races à double utilité chaque printemps. Les jeunes coqs et les poules d'environ un an et demi sont abattus chez lui l'automne venu. Et les poules sont ainsi remplacées par les poussins femelles obtenus plus tôt dans l'année, qui seront devenus poules à ce moment.

L'abattage

On trouve quatre abattoirs connus au Québec. Il est recommandé de téléphoner à l'abattoir d'avance pour prendre rendez-vous dès que l'on achète nos poussins.

Martin Boisvert s'est lancé dans l'abattage lui-même, et ce, même s'il dit avoir peur du sang. « Je passe par-dessus parce que ça a du sens pour moi. L'animal grandit chez nous dans les meilleures conditions possible et je mets fin à ses jours de la manière la plus appropriée possible. »

BON à savoir !

Consultez la liste d'établissements sous permis sur le site Web du MAPAQ pour connaître les abattoirs de proximité situés dans votre région qui desservent les élevages privés.

Soyez vigilant !
Les prédateurs et les maladies

Les principaux prédateurs des poules sont les ratons laveurs et les chiens. Comme les poules sont inertes dans la pénombre, elles peuvent facilement se faire attaquer par un raton si elles ne sont pas bien protégées. Les portes doivent être fermées avec des loquets, et toutes les ouvertures devraient être grillagées. Les renards, en campagne, sont capables de creuser. Martin a d'ailleurs installé un grillage au sol tout autour de son enclos, sur une largeur d'environ 2 pieds. Ainsi, si un renard s'approche, il se découragera et n'aura aucun moyen de pénétrer dans le poulailler. L'hermine est aussi un prédateur et peut passer dans de fines ouvertures.

Pour ce qui est des maladies qui affectent les poules et qui peuvent être transmises à l'humain, il y en a deux principales, soit la salmonellose et la campylobactériose, toutes deux causées par des bactéries. **Il est bien important de se laver les mains après avoir visité le poulailler ou manipulé les œufs, et d'utiliser du matériel, des vêtements et des bottes réservés au nettoyage du poulailler.** Surveillez également les enfants lorsqu'ils se rendent au poulailler. Comme ils ont tendance à porter leurs mains à leur bouche, ils sont plus susceptibles de contracter une maladie. Enseignez-leur à ne pas câliner ni embrasser les poules.

AVERTISSEMENT

Les poules étant des proies dans la nature, elles ont tendance à bien masquer leurs symptômes dans le cas de maladies ou de blessures. Il est ainsi recommandé de prendre l'habitude de les observer quotidiennement afin de pouvoir remarquer de possibles changements d'état ou de comportement. Les symptômes les plus fréquents s'observent au niveau des yeux, des narines et du bec, où des sécrétions peuvent apparaître et entraîner des difficultés respiratoires, ainsi qu'au niveau des déjections et de la qualité du plumage, de même que dans la vigueur de l'animal.

Il est sage d'isoler un animal montrant de tels symptômes afin de limiter une possible contagion. Il est également important de bien se renseigner sur la situation afin de poser les bons gestes et de potentiellement contacter un vétérinaire.

Si vous remarquez des symptômes de maladies chez vos poules, sachez qu'il existe des maladies à déclaration obligatoire qui doivent être signalées aux autorités, comme le MAPAQ ou l'Équipe québécoise du contrôle des maladies avicoles (EQCMA).

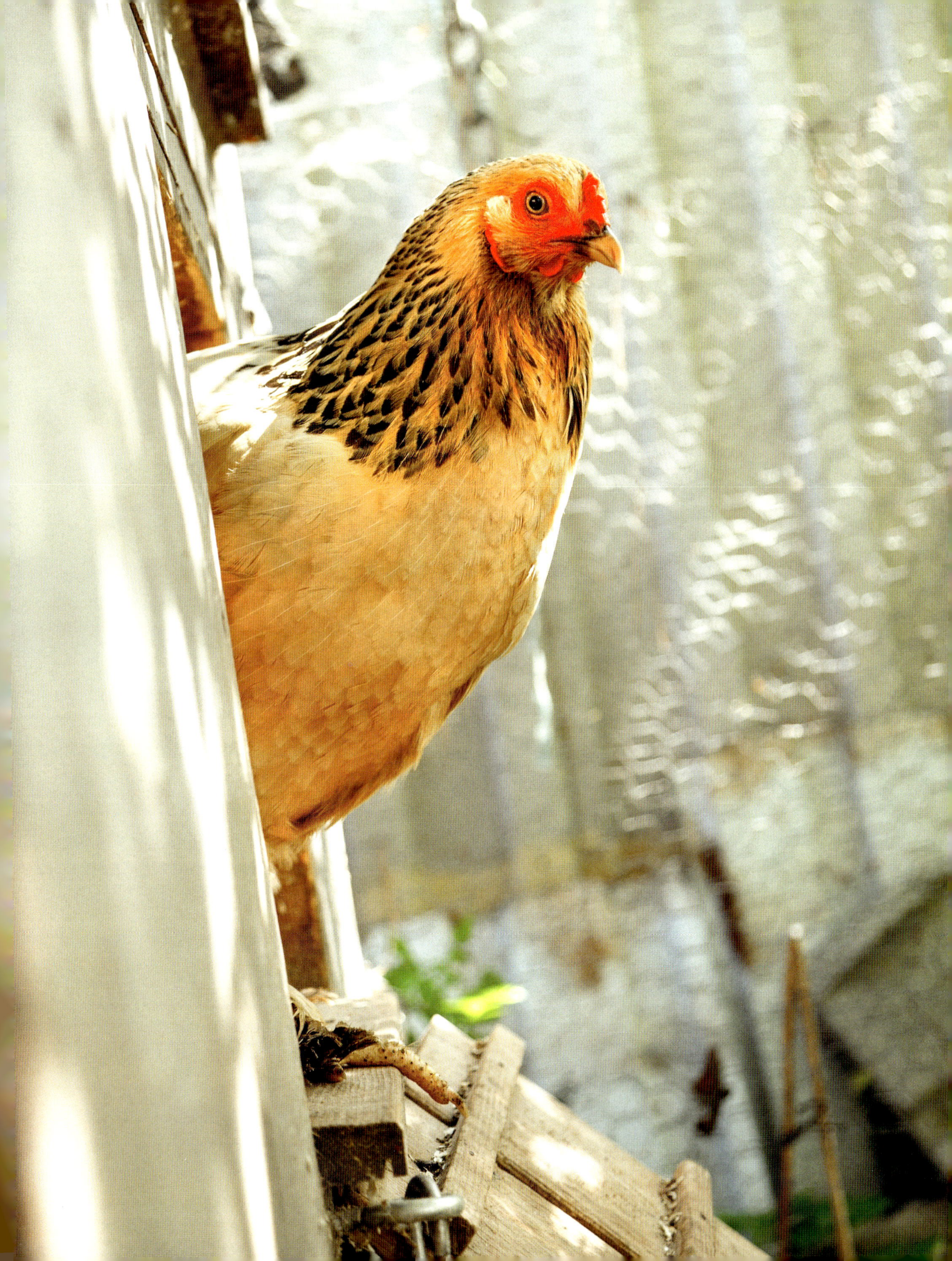

La caille,
alliée des petites cours

Si vous débutez dans l'élevage d'animaux domestiques, les cailles sont un excellent choix. Elles nécessitent peu d'espace, elles pondent beaucoup, et les coûts liés à leurs soins sont peu élevés. Prêt à adopter la caille chez vous ?

Tiffany Martin Dubé a démarré son premier élevage de cailles dans la cour de sa maison située à Sainte-Foy (Québec). Elle a acheté des poussins alors qu'ils n'avaient qu'un jour et les a accueillis dans une poussinière qu'elle a elle-même fabriquée avec un bac de plastique, du grillage et une lampe chauffante à infrarouge. Les cailles ont grandi, Tiffany leur a donné des noms comme Blue et Georgie, et elle les a transférées dans un clapier (une cage à lapins), qu'elle a également fabriqué elle-même.

Elle élève principalement ses cailles pour leurs œufs, qu'elle récolte chaque jour. Éventuellement, elle en fera abattre certaines pour leur chair. Pour Tiffany, dont le grand-père avait une fermette avec des cailles, des poules et des lapins, il devenait naturel de s'intéresser à ce type d'élevage et d'avoir un grand potager afin de produire sa propre nourriture !

En général, les cailles se vendent entre 4 et 6 $ chacune selon la race, et elles sont alors âgées de 6 à 8 semaines. Informez-vous auprès des éleveurs de votre région !

Quelles cailles choisir ?

Il existe plusieurs espèces de cailles, mais la plus connue est la caille japonaise (*Coturnix coturnix japonica*). Son espérance de vie est d'environ cinq ans.

La période d'incubation est de 17 jours, et les cailles atteignent leur maturité sexuelle de 6 à 8 semaines après l'éclosion. On peut alors reconnaître le mâle, qui est plus petit que la femelle, et dont le plumage sur la gorge est roux, alors que celui de la femelle est tacheté de brun. Une façon simple de l'identifier aussi est de faire un sexage au cloaque (orifice génital) lorsque l'oiseau atteint sa maturité sexuelle : en appuyant doucement sur l'enflure du cloaque, il en ressortira une mousse blanche si c'est un mâle.

Si vous ne souhaitez pas vous lancer dans la reproduction, vous pouvez faire abattre les mâles pour leur chair à partir de 5 à 6 semaines après l'éclosion. Autrement, le ratio idéal dans la volière est d'un mâle pour quatre à cinq femelles. Il est déconseillé de laisser deux mâles ensemble, car ils pourraient se quereller ! Sachez également que les mâles chantent (et sont donc très bruyants), à l'instar des coqs.

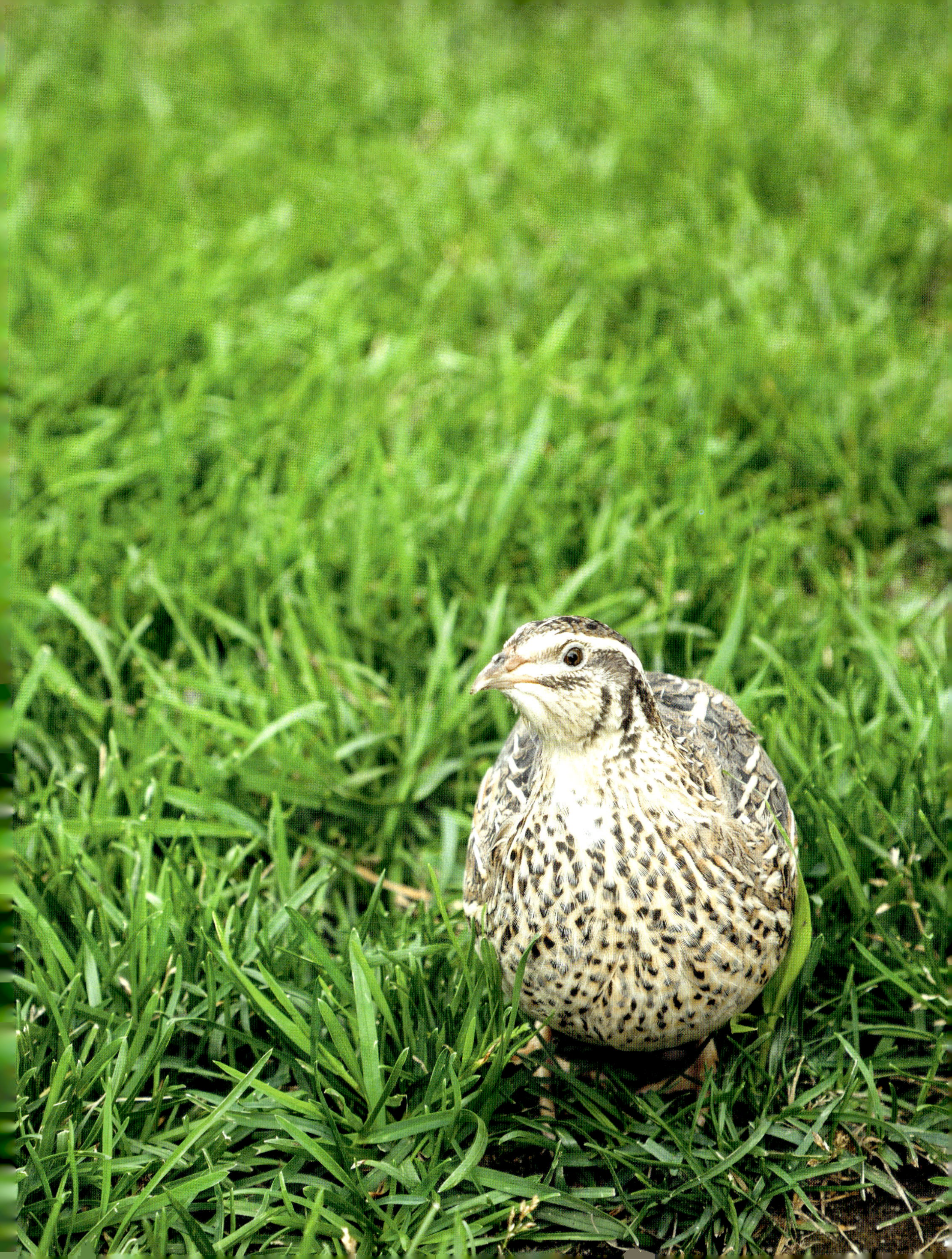

La volière ou le clapier

Les cailles vivent bien dans un espace restreint, pourvu que ce dernier soit clos et couvert. Comme elles volent, si vous les laissez en liberté sur le terrain, elles s'enfuiront! Un clapier ou une volière sont des bâtiments adaptés. Il faut calculer un maximum de 20 cailles par mètre carré. Tiffany a d'ailleurs construit elle-même sa cage inspirée d'un clapier à partir de recherches faites sur le Web: des planches de bois, du contreplaqué et du bardeau récupérés ainsi que du grillage et quelques éléments de quincaillerie. Pour que la caille ponde, la température doit être d'au moins 17 °C (63 °F). Il ne doit pas faire trop chaud non plus, c'est pourquoi il est préférable de choisir un endroit dans la cour qui bénéficie d'un peu d'ombre. L'idéal est un plancher de bois sur lequel on dépose des copeaux de bois et de la paille. Les cailles aiment prendre des bains de sable, comme les poules. Vous pouvez donc mettre à leur disposition une boîte remplie de sable. En plus d'être débarrassées de leurs parasites, elles seront heureuses! Elles aiment aussi être perchées: des roches déposées sur le sol ou des morceaux de bois peuvent faire l'affaire.

L'alimentation

La caille mange environ 25 g (environ 1 oz) de nourriture par jour, soit de la moulée pour cailles ou pour dindonneaux et pintadeaux, que l'on met à sa disposition à volonté dans la mangeoire. Tiffany aime donner de la laitue et des herbes à ses cailles de temps à autre. Dans l'abreuvoir, l'eau doit toujours être fraîche et propre.

La ponte et les œufs

La caille pond en moyenne entre 200 et 300 œufs par année et, comme la poule, son rythme ralentit ou elle cesse complètement de pondre en hiver lorsque la luminosité se fait plus rare. Elle peut même arrêter de pondre à tout moment de l'année si elle vit un stress. En captivité, elle ne couve pas, donc ses œufs peuvent se retrouver un peu partout dans la cage (parfois, ils sont bien cachés!). Elle donne de petits œufs délicieux qui peuvent être conservés plusieurs semaines sans être réfrigérés, pourvu qu'ils ne soient pas lavés.

Tiffany a déboursé environ 200 $ pour démarrer son élevage de cailles.

L'entretien de la cage

Un entretien régulier est nécessaire afin de débarrasser la cage des fientes. À titre d'exemple, Tiffany fait un grand ménage une fois par semaine lors duquel elle remplace la litière souillée. Autrement, elle passe chaque jour environ 15 minutes pour vérifier que les cailles vont bien, et elle remplit la mangeoire et change l'eau aux deux jours.

Protégez la cage ou la volière contre les ratons laveurs en installant des loquets sur toutes les ouvertures !

Et l'hiver, on fait quoi ?

Il est possible de garder les cailles en hiver et d'attendre le printemps pour qu'elles recommencent à pondre. Il sera alors bien important de protéger l'abri du vent et de s'assurer qu'il y a un tapis de paille assez épais pour que la caille s'y blottisse. Toutefois, même si les cailles tolèrent des températures fraîches, l'idéal est de les installer dans le garage ou à l'intérieur de la maison. Une lampe en céramique de 250 watts avec un abat-jour grillagé est nécessaire pour maintenir une bonne chaleur. Si vous souhaitez que la caille continue à pondre, la lampe à infrarouge est pratique, car elle permet de créer de la chaleur ; cependant, il vaut mieux laisser l'oiseau se reposer en hiver pour assurer son bien-être.

En plus d'être bien adaptées aux petits espaces, les cailles ont moins tendance à attraper des maladies comparativement aux poules ou aux lapins. Elles sont donc tout indiquées pour l'élevage à la maison !

Un élevage **diversifié!**

Avez-vous déjà pensé à intégrer d'autres animaux à votre élevage maison ? Les lapins, les chèvres et les moutons sont assurément de bons candidats pour votre quête d'une plus grande autonomie alimentaire… et ils peuvent remplir bien d'autres fonctions !

Les lapins

Les lapins sont réputés pour leur bonne viande et leur reproduction rapide. Vous avez le choix d'élever vos lapins dans des clapiers mobiles ou encore de les laisser en liberté. Si vous préférez les garder dans des clapiers, installez-les dans des cages séparées pour éviter les conflits. Celles-ci doivent être suffisamment hautes pour qu'ils puissent se mettre debout. Veillez à placer les cages dans un environnement calme et bien ventilé. Choisissez une cage avec un plancher grillagé, ce qui permettra à l'herbe de passer entre les barreaux afin de que le lapin puisse se régaler quand bon lui semble. Par le fait même, les excréments du lapin enrichiront le sol. Le clapier devrait être nettoyé au moins une fois par semaine et l'eau changée chaque jour.

Si vous placez les lapins dans le même enclos, assurez-vous qu'il y ait suffisamment d'espace. Dans un espace plus grand, l'avantage est qu'ils auront le loisir de courir et de creuser dans le sol, une habitude innée chez ce petit animal ! Les lapins se nourrissent de granules, d'herbes, de foin, de brindilles, de fruits, de légumes frais et de certaines plantes comme le pissenlit, la luzerne et le trèfle. Le brocoli et les raisins sont à donner avec parcimonie, et les oignons et la laitue sont à proscrire. Offrez-leur des bouts de bois à ronger, ils seront aux anges !

Si vous élevez des lapins pour leur chair, sachez qu'ils pourront être consommés lorsqu'ils atteindront environ 2,5 kg, soit entre l'âge de 75 et 90 jours. La lapine met bas de six à huit petits quatre fois par an, donc l'élevage peut grossir très rapidement. Retenez que le lapin est un animal nerveux, il faut le manipuler avec soin !

Les chèvres

Les chèvres sont des animaux dociles qui aiment vivre en groupe. On peut les élever pour leur laine, pour leur lait et pour leur viande. Elles sont très joueuses, espiègles et rusées. Il n'est pas rare de voir une chèvre grimper un peu partout ou essayer de trouver le mécanisme pour ouvrir la clôture ! Elles se nourrissent de broussailles, de foin, de gazon séché, de moulée et d'eau, et aiment se faire gâter avec des pommes, des bananes ou des céleris, par exemple. Pensez à clôturer votre potager si vos chèvres sont libres sur le terrain, sinon elles n'en feront qu'une bouchée !

Avant d'adopter une chèvre, sachez qu'elle vivra environ 15 ans. C'est donc un animal qui vous tiendra compagnie longtemps ! Les femelles sont plus dociles que les mâles, qui sont un peu plus agressifs. Une fois que la femelle a mis bas, elle peut donner du lait pendant les dix mois suivant la naissance, à raison de 2,5 litres (10 tasses) par jour. Les chevreaux sont sevrés à l'âge de quatre mois.

Pour la laine, la chèvre cachemire est idéale. Assurez-vous toutefois de ne pas mettre de chauffage l'hiver dans l'enclos, car la chèvre cachemire a besoin d'avoir un peu froid pour produire de la laine.

Les moutons

Les moutons sont aussi de bons alliés dans une fermette! Les brebis peuvent fournir une quantité importante de laine, du lait, et donner naissance à des agneaux que vous pourrez consommer par la suite à partir de l'âge de dix mois. Comme pour les chèvres, les moutons devront bénéficier d'un enclos extérieur assez grand pour qu'ils puissent se promener aisément ainsi que d'un abri isolé pour les protéger des intempéries. Ils se nourrissent principalement de foin, et il est conseillé de leur fournir une source de minéraux et de vitamines supplémentaire au moyen d'un bloc à lécher. Sachez aussi qu'ils boivent beaucoup d'eau! Cette ressource doit être disponible en tout temps.

Si vous souhaitez récolter la laine, choisissez une brebis mérinos, qui donne environ 10 kg de laine par année.

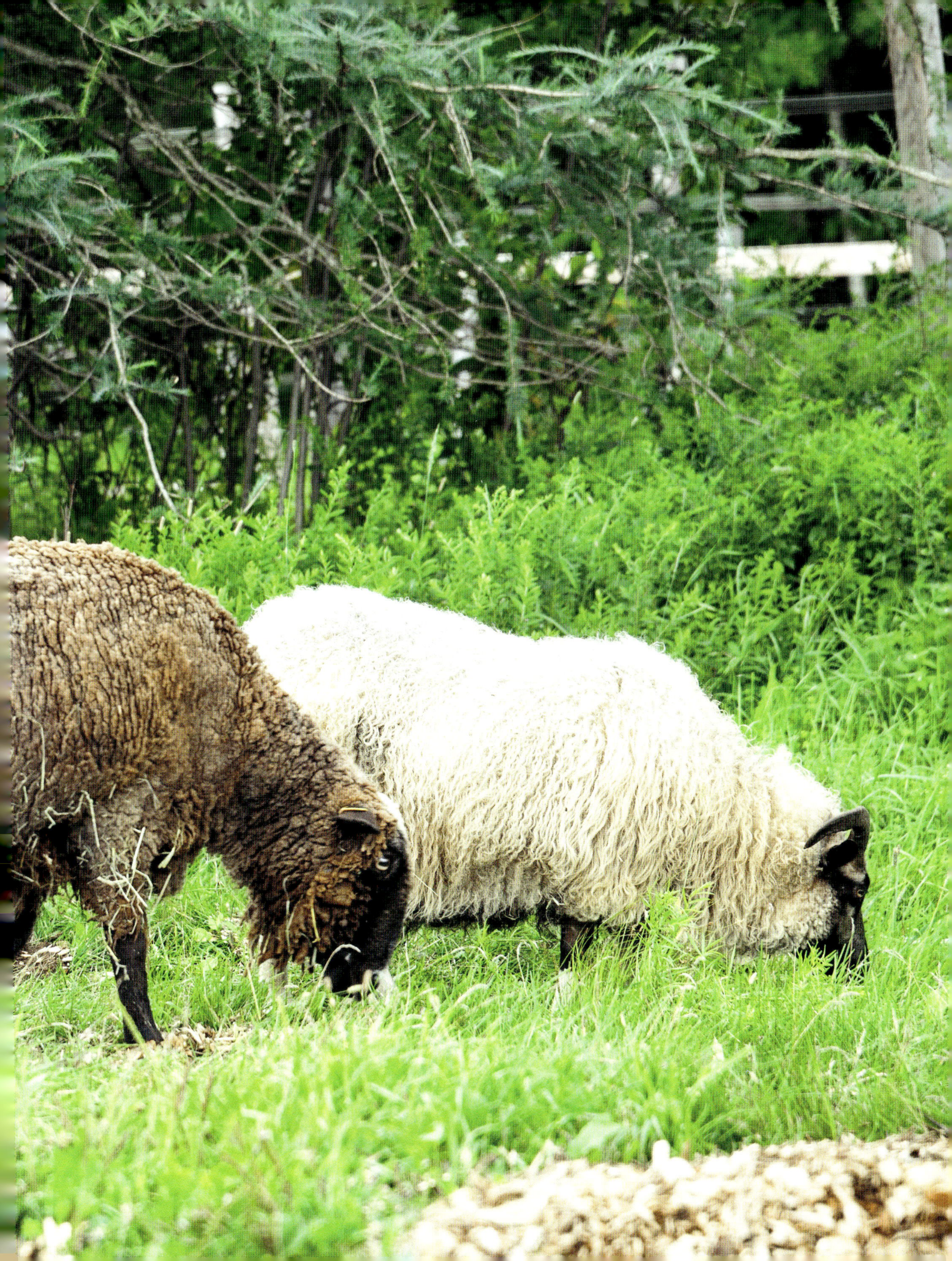

La fermette idéale

Laurie Roy est propriétaire d'une ferme située à Saint-Lambert-de-Lauzon. Elle élève des poules et des canards pour la chair et les œufs ainsi que des chèvres et des brebis pour la laine et la revente des petits. Elle héberge aussi des chevaux, des ânes et des poneys pour qu'ils lui prêtent main-forte lors des travaux dans les champs ou dans la forêt, notamment, mais surtout par passion !

Pour elle, le succès d'une ferme repose sur un équilibre entre le bien-être animal et le temps investi par l'humain. Bien sûr, lorsqu'il s'agit d'une ferme à vocation commerciale, il faut aussi que cette dernière soit rentable. C'est pourquoi Laurie combine ses élevages à des formations données directement à la ferme, à des camps de jour, à un pensionnat pour animaux et même à des activités de ressourcement en nature telles que la méditation et le yoga.

Chaque animal de la ferme doit bénéficier de suffisamment d'espace pour bien vivre et être heureux. « C'est un peu comme nous : si on était tous les uns sur les autres, on trouverait ça difficile un peu ! », illustre Laurie. Son poulailler, par exemple, comprend des zones variées pour répondre aux besoins des poules, comme des perchoirs, des bains de sable, des petits abris et des pondoirs. Elle préfère laisser ses lapins libres afin qu'ils puissent courir et creuser. Ses chèvres sont dans un enclos fermé et elle leur a fabriqué une butte de terre pour qu'elles puissent grimper et s'amuser. Elle les laisse aussi se trimbaler sur le grand terrain afin qu'elles pâturent. Les brebis ont aussi accès aux grands espaces. Les chevaux, les ânes et les poneys ont de vastes enclos à l'orée de la forêt.

Cohabitation harmonieuse

Non seulement les animaux nous permettent d'avoir de la viande, de la laine et des œufs, mais ils nous aident également à nettoyer et à entretenir les différents territoires dans la ferme. En déplaçant les animaux d'une zone à l'autre, ils peuvent débroussailler, retirer les mauvaises herbes et amender le sol grâce à leurs excréments. Attention toutefois : les fientes de poules peuvent nuire à la respiration des chevaux si les lieux ne sont pas assez ventilés.

Laurie n'hésite pas à mélanger les animaux entre eux. « Tout est possible, mais il faut leur apprendre à vivre ensemble », précise-t-elle. Les moutons, les chèvres et les poules s'entendent bien naturellement. Les ânes, par exemple, sont des animaux protecteurs — ce qui est très utile pour protéger la ferme des prédateurs tels que les coyotes! —, mais si on les place avec les chèvres, il faut leur montrer qu'ils doivent les protéger et qu'elles ne constituent pas une menace. Souvent, il faut s'attarder au ratio mâles-femelles de chaque animal.

Dans le cas d'une mini-fermette en ville, il faudra prévoir également des aires dédiées à chaque animal, mais aussi penser à la gestion du fumier afin d'éviter les odeurs gênantes pour le voisinage. Même chose pour les bruits! Bien que les bêlements des chèvres ou des brebis soient très mignons, ils ne vont pas nécessairement plaire à tous vos voisins. Évaluez votre environnement au préalable pour ne pas avoir de mauvaises surprises! À l'inverse, avoir des animaux dans sa cour peut attirer les curieux et tisser un lien social dans le quartier.

Soyez également prêt à accepter les imprévus et les situations difficiles, comme la maladie ou la mort. « Souvent, on montre ça beau d'avoir des animaux, mais quand on ne s'y connaît pas au début, on fait des erreurs, et il faut savoir les accepter. Parfois, il peut y avoir un animal qui meurt, un poussin qui se noie dans un seau d'eau. Petit à petit, on acquiert de plus en plus d'expérience pour voir toutes les petites choses qui ne vont pas », rappelle Laurie. Il faut également être prêt à investir du temps pour s'informer et prendre soin des animaux quotidiennement, et trouver des gens à qui déléguer si on doit s'absenter ou si on a besoin d'un coup de main.

Informez-vous auprès de votre municipalité quant à la réglementation sur les animaux de ferme.

EN HIVER

À la ferme de Laurie, les animaux sont dehors à longueur d'année, en groupe. Tant qu'ils ont des abris isolés pour se protéger contre les intempéries, ils sont en sécurité. Durant les grands froids, on s'assurera de les faire entrer dans ces endroits fermés. Veillez à ce que de l'eau soit toujours disponible et ne gèle pas, soit en plaçant les abreuvoirs dans des endroits chauffés, soit en vous procurant des abreuvoirs chauffants. En somme, la plupart des animaux traversent bien l'hiver, mais il est nécessaire d'assurer une plus grande surveillance pendant cette période!

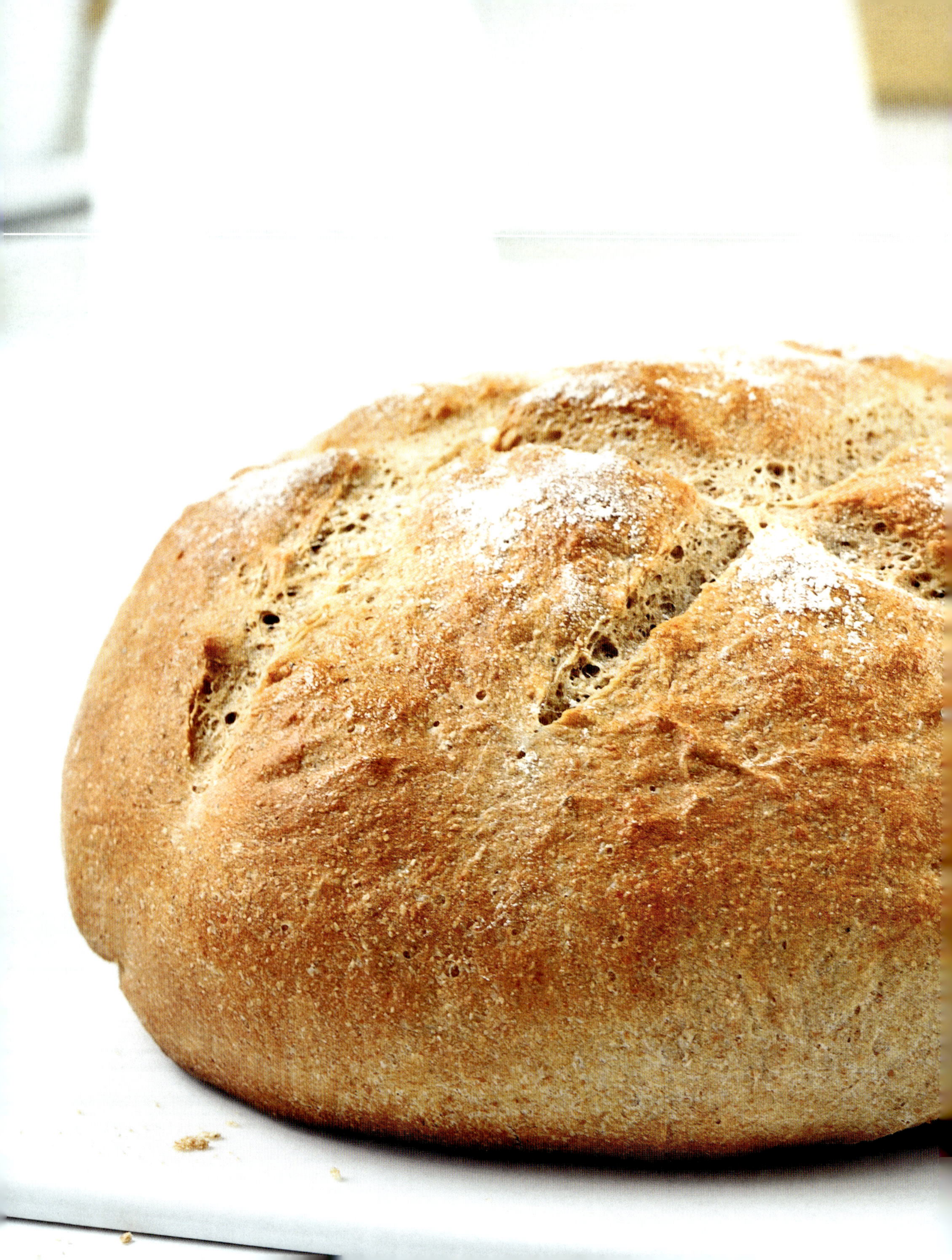

TRANSFORMATIONS MAISON

Avant de se lancer

Préparer certains aliments de base que l'on achète habituellement à l'épicerie, c'est accessible à tous! Pour mieux vous outiller, nous avons fait appel à une véritable passionnée du sujet afin qu'elle nous révèle ses secrets pour concocter du yogourt (et ses déclinaisons!), des fromages, du pain et du levain. Constat : les faire en version maison est bien plus facile que l'on pourrait le penser! Mais il s'agit tout de même de processus complexes que l'on doit comprendre et maîtriser pour en arriver à des résultats satisfaisants. Vous trouverez ici les étapes de préparation, des conseils et des astuces pour cuisiner ces bases avec un minimum de matériel.

Si l'autonomie alimentaire vous intéresse, sachez que de nombreux aliments de base sont faciles à préparer à la maison. Il faut toutefois savoir que pour plusieurs d'entre eux, il ne s'agit pas d'une science exacte : les conditions (mode de vie, températures, bactéries, etc.) varient d'un lieu à un autre, ce qui peut faire varier les résultats. Notre demeure est un milieu non contrôlé, et la méthode parfaite n'existe pas. Il faut expérimenter les recettes avant de se sentir à l'aise et en confiance. Si vous vous heurtez à des échecs, ne vous découragez surtout pas! L'idéal, c'est de comprendre ce que l'on fait afin d'adapter ses méthodes à son propre environnement, et il n'y a qu'une façon d'y arriver : faire des essais… et des erreurs!

Peut-on rattraper une recette manquée ?

Il faut avant tout savoir reconnaître une recette ratée : si on se fie au goût, à l'apparence et à l'odeur d'un aliment, on peut difficilement se tromper.

Si on parle d'une fermentation manquée, il vaut mieux jeter l'aliment. S'il s'agit d'un yogourt trop liquide ou trop acide, celui-ci n'est pas forcément bon à jeter : sa texture et son goût sont altérés, certes, mais il demeure propre à la consommation. On peut par exemple l'égoutter pour le transformer en labneh (on vous propose une recette à la page 156) : puisque son goût sera plus acide, on peut simplement l'aromatiser afin d'équilibrer sa saveur.

En ce qui concerne le levain, un problème fréquent découle du fait qu'il n'est pas assez nourri (c'est-à-dire que le levain n'est pas assez épais). Résultat : de l'eau se retrouve à sa surface, ce qui le prive d'un apport en oxygène. Dans ce cas, il faut jeter le levain et recommencer, en prenant soin de l'alimenter suffisamment.

Yogourt, ricotta et levain : mieux les comprendre

Avant de vous lancer dans la préparation de ces aliments de base, il convient de comprendre en quoi ils consistent.

Le **yogourt** est obtenu à la suite d'une fermentation lactique. Cette dernière survient grâce à la combinaison de deux bactéries présentes dans des ingrédients laitiers, soit le *Streptococcus thermophilus* et le *Lactobacillus delbrueckii* subsp. *bulgaricus*. Un yogourt ordinaire égoutté permet d'obtenir un yogourt grec, soit un yogourt plus riche en protéines et dont la texture est plus consistante. Si on prolonge l'égouttage, on recueille un fromage frais de type labneh.

Classée dans la catégorie des fromages à pâte fraîche, la **ricotta** est très simple à réaliser et elle ne requiert aucune fermentation. Fait intéressant : lorsque compressé, ce type de fromage ne fond pas, de sorte que l'on peut le griller (comme le paneer et le halloumi). Un délice !

Le **levain**, quant à lui, consiste en un milieu vivant résultant de la symbiose entre les levures et les bactéries qui se développent avec le temps. Plus un levain est âgé, plus il est équilibré, sain et fort. Chaque levain est unique, puisqu'il est constitué des ferments présents dans les farines, mais également de ceux se trouvant dans notre environnement (dans l'air, dans l'eau, sur nos mains, etc.). Ces ferments varient d'un lieu à l'autre. De plus, tout produit non naturel peut affecter l'équilibre de ce milieu de vie.

Les outils de base

Voici quelques accessoires de base requis pour réaliser du levain ainsi que les préparations laitières présentées dans ce dossier.

Pour les préparations laitières

- **Casserole.** On recommande un chaudron assez profond constitué de verre, de fonte émaillée ou d'acier inoxydable. Évitez les autres métaux (aluminium, fonte, acier, etc.), car leur résistance n'est pas suffisamment élevée pour interagir avec l'acidité, ce qui nuit à la multiplication des ferments.

- **Fouet ou autre ustensile** (pour brasser vigoureusement le lait). Même recommandation que pour la casserole : on évite le métal !

- **Thermomètre.** Grâce à cet instrument, vous pourrez vous assurer que vos préparations sont soumises à la bonne température.

- **Filtre-passoire** (en acier inoxydable ou en plastique). C'est ce qui vous permettra de filtrer le caillé (le gras) pour réaliser certains de vos fromages (ricotta crémeuse, fromage à griller, etc.).

- **Coton à fromage.** Ce dernier sera utile pour égoutter le yogourt maison et en faire un yogourt grec ou un labneh, ou encore pour faire une ricotta. Autre option : utiliser un linge en coton propre et mince (linge à vaisselle, chandail recyclé, bandana, etc.).

- **Petit bol.** Si vous réalisez un yogourt grec ou un labneh, un bol sera utile pour récupérer le petit lait qui s'égouttera du linge en coton.

Pour le levain

Comme pour les préparations laitières, évitez tout contact avec le métal, car le levain est aussi un milieu acide.

- **Pot en verre à grande ouverture.** Il vous servira à entreposer votre levain. Le verre vous permettra d'observer l'évolution de votre levain au fil des jours.

- **Linge de coton et élastique.** Utilisez-les pour fermer votre pot tout en laissant respirer votre levain, car celui-ci a besoin d'oxygène pour se développer.

Le levain

LA RECETTE

Préparation : 5 minutes – Temps de repos : 2 jours – Quantité : 125 ml (½ tasse)

- 60 ml (¼ de tasse) de farine de blé entier

  La quantité de farine utilisée peut varier. Recherchez une texture idéale plutôt que le respect des quantités !

- 60 ml (¼ de tasse) d'eau

1 Dans un pot en verre, mélanger la farine avec l'eau jusqu'à l'obtention d'une texture homogène.

2 Couvrir l'ouverture du pot avec un linge mince ou un coton à fromage et le fixer avec un élastique.

3 Déposer le pot dans un endroit chaud. Laisser fermenter le levain de 2 à 3 jours. Le levain commence à s'activer quand on peut observer la formation de bulles.

3 facteurs qui font varier le résultat

Outre la qualité des ingrédients, certains facteurs influencent la performance, le goût et l'aspect de votre levain.

La température. La température idéale pour le levain se situe entre 20 et 23 °C (68 et 73 °F). Puisque la température de votre domicile varie et que les différents ferments n'évoluent pas à la même température, le résultat peut lui aussi varier d'une fois à l'autre. Une nuit froide ou une canicule, par exemple, peut influencer la qualité du levain. Retenez que plus il fait chaud, plus le levain commence à fermenter rapidement. Plus il fait froid, plus ce sera long.

L'air ambiant. Les ferments présents dans l'air colonisent le levain. Or, ils ne sont pas partout les mêmes, de sorte que chaque levain est unique : il varie d'une résidence à l'autre, et même d'une semaine à l'autre. Au moment de faire votre levain, évitez de propager des produits dans l'air (huiles essentielles diffusées, lavage du plancher à l'eau de Javel, etc.).

La pression atmosphérique. Il se pourrait que votre levain lève peu ou presque pas lors de certaines journées où la pression est différente (pendant une journée pluvieuse, par exemple).

Faites attention aux résidus de savon sur vos mains ou sur vos ustensiles, lesquels pourraient nuire au développement du levain !

Les quantités : à prendre avec un grain de sel !

Les ferments ont besoin d'un milieu fonctionnel pour fermenter. Or, comme les farines n'absorbent pas toutes l'eau de la même façon, et comme l'environnement influence le résultat, privilégiez une texture idéale plutôt que le respect des quantités. Le mot d'ordre : on mise sur une quantité suffisante et on recherche une texture ni trop liquide ni trop épaisse s'apparentant à celle du gruau ou des céréales pour enfants de type Pablum.

Si la texture est trop liquide…
De l'eau apparaîtra en surface et bloquera l'oxygène. Mais les ferments ont besoin d'un apport en oxygène pour s'activer !

Si la texture est trop épaisse…
Le levain séchera.

Si la quantité de départ est insuffisante…
Le levain séchera. Mais attention : la quantité de départ doit être la plus petite possible, car vous devrez nourrir votre levain quotidiennement jusqu'à ce qu'il devienne assez performant pour faire un pain. Cela signifie qu'à un certain stade, vous devrez doubler la quantité de levain tous les jours. Ne commencez donc pas avec une quantité plus grande que nécessaire : celle-ci dépend de la taille de votre contenant. **Prévoyez une quantité de départ qui occupera au moins 1,25 cm (½ po) d'épaisseur dans le fond du pot.**

COMMENT RECONNAÎTRE UN LEVAIN EN SANTÉ ?

Voici les signes indiquant qu'un levain est assez performant pour faire du pain :

- **Son odeur.** Elle est un peu aigre et fermentée, mais somme toute agréable.
- **Son aspect.** De belles grosses bulles sont visibles sur votre levain. De plus, sa couleur est uniforme, à l'image de la couleur de la farine qui le compose.
- **Sa taille.** Un levain en santé double (ou presque) à chaque rafraîchissement, c'est-à-dire sur une période de 24 heures ou moins.
- **Sa consistance.** Aucun liquide ne stagne à sa surface.

ATTENTION AU CHLORE DANS L'EAU !

Le chlore détruit les bactéries. En d'autres mots, l'eau qui contient du chlore peut nuire à la performance du levain en altérant ses bactéries. La solution : déposez l'eau du robinet sur le comptoir toute une nuit afin de laisser le chlore s'évaporer avant de réaliser la recette ou de nourrir votre levain. Si vous avez oublié de le faire, ou encore si vous n'avez pas le temps, vous pouvez utiliser de l'eau embouteillée de source naturelle. Truc de pro : remplissez une bouteille d'eau du robinet et réservez-la pour votre levain. Le chlore aura ainsi le temps de s'évaporer entre les utilisations et vous aurez toujours de l'eau de qualité sous la main.

Les meilleures farines pour son levain

Le choix de la farine influence grandement la qualité du levain. Première chose à retenir : plus une farine est jeune, plus elle est gorgée de nutriments. Plus elle vieillit, plus le germe du blé risque de faire rancir la farine. On tentera donc d'utiliser une farine la plus fraîche possible. Recherchez aussi :

- Une farine entière, intégrale ou complète. Les ferments naturels se trouvent sur les grains, donc la farine doit contenir le son du blé (son enveloppe).

- Une farine locale. Les farines qui traversent les frontières sont irradiées afin d'exterminer les insectes, notamment. Cela est mauvais pour votre levain. Privilégiez donc une farine locale ou, du moins, canadienne.

- (Facultatif) Une farine de qualité artisanale ou bio. Ces dernières ne contiennent pas de pesticides d'entreposage.

Attention, une farine bio ne signifie pas qu'elle est « jeune ». Recherchez toujours une farine la plus fraîche possible !

Entreposer son levain

La meilleure façon d'entreposer un levain lorsqu'on fait une pause d'utilisation consiste à le déshydrater. Pour ce faire, on peut le nourrir, le laisser fermenter, puis l'étaler en une fine couche sur une plaque de cuisson tapissée de papier parchemin à l'aide d'une spatule. Une fois le levain séché, on peut utiliser les croûtes sèches ainsi obtenues pour faire un pain. Il faudra toutefois prévoir de 3 à 4 jours pour le réhydrater et le nourrir avant de pouvoir l'utiliser. On peut aussi l'entreposer au frigo, mais les bactéries qui tolèrent le froid prendront le dessus, tandis que celles qui nécessitent une température ambiante seront en déclin. Lorsque votre levain est entreposé, pensez à le sortir à température ambiante de temps à autre afin de faire travailler les ferments actifs.

N'entreposez jamais un levain au congélateur : cela affecte les souches de ferments !

Rafraîchir son levain

Pour que votre levain demeure en santé, il est important de le rafraîchir. Les deux premières fois que vous le ferez, limitez-vous aux proportions de départ, soit 60 ml (¼ de tasse) de farine et 60 ml (¼ de tasse) d'eau. Ajustez la quantité au besoin afin d'obtenir une texture de céréales pour bébés. Au bout de quatre jours, votre levain sera plus gros et plus actif ; par conséquent, il aura besoin de plus de nourriture pour assurer sa croissance. Éliminez environ la moitié du levain (sinon il deviendra vite trop volumineux !), puis incorporez au moins l'équivalent de son propre volume en farine et en eau. Si votre levain est entreposé et que l'objectif est uniquement de le rafraîchir, laissez-le « digérer » son dernier repas avant de l'entreposer à nouveau.

Un levain doit toujours respirer, car les micro-organismes ont besoin d'oxygène pour se développer.

Levure boulangère et levain : quelle est la différence ?

La levure boulangère n'est constituée que d'une seule souche de bactéries (*Saccharomyces cerevisiae*) qui s'activent afin de faire lever un pain en environ 2 heures. Le levain, quant à lui, consiste en une combinaison de bactéries et de levures que l'on appelle des « ferments ». Ces derniers travaillent de pair pour faire lever le pain et pour le rendre plus digeste, c'est-à-dire qu'ils « prédigèrent » les nutriments non assimilables par l'organisme (le gluten, par exemple) à notre place. Ce travail s'effectue sur une plus longue période, soit de 5 à 12 heures, voire plus.

Réactiver un levain en dormance

En comparaison avec un levain entreposé (en dormance), un levain qui sert régulièrement est de meilleure qualité : plus il sert, plus il révèle un goût doux. Si votre rythme de vie le permet, sortez-le une fois par semaine pour en faire du pain. Laissez-le d'abord revenir à la température ambiante afin qu'il fermente un peu. Au besoin, rafraîchissez-le, puis utilisez-le à partir du moment où vous observez qu'il réagit efficacement. S'il semble en excellente santé, vous pouvez l'utiliser sans attendre pour cuisiner votre pain.

Votre levain a mauvaise mine ? L'ajout de sucre (brut, raffiné, miel, sirop d'érable, etc.) donnera un boost *aux ferments. Évitez cependant l'usage d'édulcorants, puisqu'ils n'agissent pas de la même façon.*

Il n'est pas obligatoire de faire travailler son levain ou de le rafraîchir toutes les semaines, même si ces gestes sont bénéfiques : vous pouvez vous limiter à une fois par mois. Par contre, au moment de faire un pain, vous devrez prévoir le coup quelques jours à l'avance afin de rafraîchir votre levain (de 3 à 4 fois environ) et de lui permettre de se réactiver.

Photo levain : Shutterstock

Le meilleur pain au levain

Préparation : 30 minutes – Levée et repos : 28 heures 30 minutes
Cuisson : 1 heure 20 minutes – Quantité : de 10 à 12 tranches

- 875 ml (3 ½ tasses – 500 g) de farine à pain ou tout usage
- 125 ml (½ tasse – 150 g) de levain rafraîchi
- 10 ml (2 c. à thé) de sel
- 330 ml (1 ⅓ tasse) d'eau tiède

1 Dans un grand bol, déposer la farine, le levain et le sel. Incorporer graduellement l'eau tiède et mélanger jusqu'à l'obtention d'une texture homogène.

À cette étape, vous pouvez laisser reposer la boule de pâte 30 minutes avant de la pétrir. Cela permettra d'améliorer l'élasticité de la pâte et de favoriser une meilleure texture.

2 Sur une surface farinée, former une boule grossière avec la pâte. Déposer la boule de pâte dans un grand bol et couvrir d'un grand linge.

Au début de cette étape, vous pouvez réaliser une série de pliages afin de développer la force du gluten dans le pain. Trente minutes après avoir façonné la boule, à même le bol, étirez un côté de la pâte au maximum de son élasticité, puis repliez-la sur elle-même. Faites une rotation d'un quart de tour avec le bol, puis étirez et repliez de nouveau la pâte. Recommencez jusqu'à ce que vous ayez fait un tour complet. Vous pouvez réaliser ces pliages d'une à quatre fois en les espaçant de 30 minutes chacun.

3 Laisser reposer de 4 à 5 heures à température ambiante près d'une source de chaleur (dans le micro-ondes avec une tasse d'eau bouillante placée à côté, par exemple), jusqu'à ce que la pâte ait doublé de volume.

Selon la température ambiante, la pâte peut prendre plus ou moins de temps (parfois jusqu'à 8 ou même 10 heures) pour doubler de volume. Afin de savoir si votre pâte est prête pour la prochaine étape, enfoncez-y un doigt jusqu'à la deuxième jointure. Si le trou se referme immédiatement lorsque vous retirez votre doigt, la pâte n'est pas encore prête.

Si le trou ne se referme pas du tout et que la pâte dégonfle, la pâte a trop gonflé. La pâte est prête lorsque le trou se referme un peu, lentement, mais pas au complet.

4 Sur une surface farinée, façonner une boule avec la pâte en ramenant les extrémités vers le milieu afin d'étirer la pâte et de créer une boule lisse. Couvrir un banneton (ou une grande passoire) d'un grand linge généreusement fariné et y déposer délicatement la boule de pâte. Rabattre les côtés du linge sur la pâte. Réfrigérer 24 heures.

5 Retirer le banneton du réfrigérateur et laisser reposer 30 minutes à température ambiante.

6 Dans une cocotte en fonte tapissée de papier parchemin, déposer délicatement la boule de pâte.

Si vous n'avez pas de cocotte, il est également possible de faire cuire le pain dans une poêle en fonte ou sur une plaque de cuisson. Pour obtenir une croûte croustillante et dorée, on suggère alors de déposer de 10 à 12 glaçons sur une autre plaque de cuisson placée sur la grille du bas du four au moment d'enfourner le pain.

7 À l'aide d'un couteau bien aiguisé ou d'une lame de boulanger, faire quelques incisions peu profondes sur le dessus du pain.

8 Déposer la cocotte sur la grille du centre du four froid. Chauffer le four à 230 °C (450 °F). Cuire 1 heure 20 minutes.

9 Retirer du four et laisser tiédir sur une grille pendant au moins 1 heure avant de trancher.

EXTRAIRE DU LEVAIN D'UN PAIN Si vous réalisez un pain et souhaitez garder du levain pour de futures recettes, il suffit de retirer 250 ml (1 tasse) du mélange (farine, eau et levain) : c'est ce qui deviendra votre levain rafraîchi pour un prochain pain !

Le yogourt
(SANS YAOURTIÈRE !)

Préparation : 5 minutes – Temps de fermentation : 6 heures – Quantité : 1,25 litre (5 tasses)

- 1,25 litre (5 tasses) de lait gras (3,25 % et plus)
- 125 ml (½ tasse) de yogourt grec nature

Pour faire du yogourt avec cette technique, il faut respecter un ratio de 1 pour 10, c'est-à-dire une part de yogourt pour dix parts de lait. En suivant cette règle, vous pourrez augmenter ou diminuer la recette selon vos besoins !

1 Dans une grande casserole, porter le lait à ébullition en remuant constamment. Laisser mijoter de 3 à 5 minutes.

2 Retirer du feu, puis laisser refroidir le lait jusqu'à ce qu'il atteigne une température d'environ 46 °C (115 °F).

3 Ajouter le yogourt dans la casserole en fouettant vigoureusement.

4 Déposer la casserole dans le four avec la lumière allumée. Laisser fermenter de 6 à 8 heures, ou toute une nuit.

5 Au moment de servir, bien mélanger le yogourt afin d'obtenir une texture homogène.

Pour freiner la prolifération bactérienne et éviter d'obtenir un yogourt acide, vous devez réfrigérer celui-ci aussitôt la fermentation terminée !

POUR FAIRE UN YOGOURT GREC

Rien de plus simple : il suffit de prendre son yogourt refroidi, puis de suivre ces trois étapes :

1. Déposer le yogourt dans un linge en coton propre (coton à fromage, linge à vaisselle, etc.), puis le suspendre au robinet ou à une poignée d'armoire.

2. Placer un bol sous le linge rempli de yogourt afin de récupérer le petit-lait qui s'écoulera du tissu.

3. Laisser le yogourt s'égoutter de 2 à 3 heures, ou jusqu'à l'obtention de la consistance désirée.

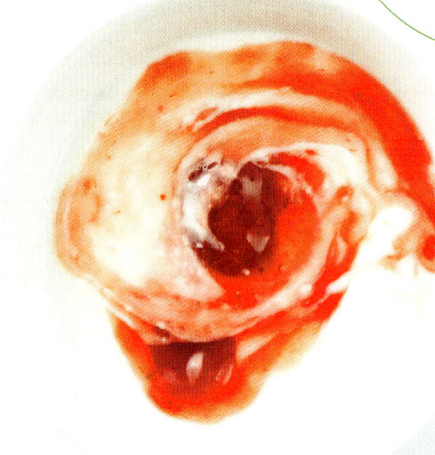

Quel type de lait choisir pour faire son yogourt ?

Moins un lait est transformé, plus il est efficace, puisque ses protéines demeurent intactes. Un lait cru, par exemple, offrira un meilleur résultat, mais puisque sa vente n'est pas autorisée, on conseille d'opter pour un lait uniquement pasteurisé : il s'agit de la meilleure qualité offerte dans les commerces. Le lait pasteurisé non homogénéisé (de type Vallée Verte) ou le lait nordique biologique (de type Nutrinor 3,8 %), par exemple, constituent de bons choix. Parmi les laits « ordinaires », un produit affichant 3,25 % de matières grasses est certainement la meilleure des options !

Avant d'être ensemencé, le lait peut entrer en contact avec des accessoires de cuisine en métal (une casserole, par exemple) sans souci, puisqu'il n'est pas encore acide. Après l'ensemencement, toutefois, évitez tout contact avec le métal.

Vrai ou faux ? On peut utiliser son yogourt maison pour ensemencer un prochain yogourt.

Vrai. Pour ce faire, votre yogourt, en plus d'avoir été fabriqué tout au plus de 3 à 5 jours plus tôt, doit répondre à un critère important : il doit être encore équilibré, c'est-à-dire que son taux d'acidité ne doit pas être trop élevé. Autrement, la souche de bactérie (*Lactobacillus*) qui permet d'ensemencer le lait risque d'être affectée. On peut vérifier le taux d'acidité de son yogourt à l'aide d'un pH-mètre (ou de languettes de pH) : celui-ci doit se situer entre 5 et 6. Vous n'avez pas de pH-mètre ? Vous constaterez au terme de la fermentation si le résultat est optimal. Si votre nouveau yogourt n'est pas acide en bouche et que le petit-lait n'a pas commencé à s'extraire de la partie grasse du lait, c'est bon signe.

Avec quel yogourt coloniser son lait ?

La plupart des yogourts grecs nature renferment les bactéries nécessaires pour coloniser votre lait. Pour vous en assurer, recherchez dans la liste des ingrédients les termes « bactéries actives » ou « culture bactérienne », ou encore les bactéries suivantes : *Lactobacillus delbrueckii* subsp. *bulgaricus* et *Streptococcus thermophilus*. Choisissez toujours un yogourt « jeune », c'est-à-dire dont la date de péremption est la plus loin possible : plus un yogourt est jeune, meilleur sera l'équilibre des ferments qu'il renferme.

Plus la date de fabrication de votre yogourt souche (yogourt utilisé pour ensemencer le lait) est récente, plus la saveur de votre yogourt sera douce, tandis qu'un yogourt souche plus âgé produira un yogourt plus acide en bouche.

Le temps de fermentation d'un yogourt au four

Comme cette technique soumet le yogourt à une température plus basse que celle d'une yaourtière, il faut compter plus de temps, soit environ une nuit (ou de 6 à 9 heures). Notez que cette durée est donnée à titre indicatif. En effet, plusieurs variables peuvent influencer le temps de fermentation ; ainsi, il vaut mieux se fier à la texture de la préparation : quand c'est solide, c'est prêt !

Pour une chaleur optimale

Pour faire fermenter votre yogourt au four, il est important d'allumer la lumière quelques heures avant d'y déposer la préparation afin que celle-ci soit soumise à la bonne température (entre 37 et 47 °C – 99 et 117 °F). Assurez-vous également que la lumière de votre four dégage bel et bien de la chaleur. Les lumières DEL, par exemple, ne dégagent pas de chaleur. En cas d'oubli, allumez le four à 180 °C (350 °F) de 2 à 3 minutes, puis éteignez-le immédiatement – le yogourt ne doit jamais être soumis à une température de plus de 49 °C (120 °F). Vous pourrez ensuite y déposer la préparation.

L'ajout de saveurs : toujours à la fin !

Vous souhaitez aromatiser votre yogourt ? Pour ajouter les saveurs avant la fin de la fermentation, il faut posséder certaines connaissances de base concernant l'interaction des aliments et des ferments. Par exemple, certains fruits peuvent empêcher la coagulation. Ainsi, on conseille de **toujours ajouter les saveurs APRÈS la fermentation.**

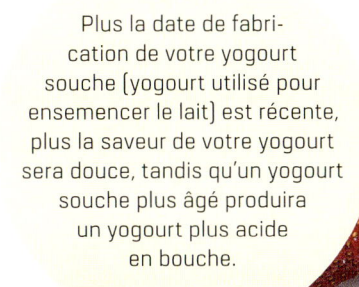

Les fromages à pâte fraîche

LA RICOTTA

Préparation : 10 minutes – Temps d'égouttage : 1 heure 30 minutes
Quantité : 250 ml (1 tasse)

- 500 ml (2 tasses) de lait gras (3,25 % et plus)
- 250 ml (1 tasse) de crème 35 %
- 5 ml (1 c. à thé) de sel
- 30 ml (2 c. à soupe) de vinaigre blanc

1 Dans une casserole, mélanger le lait avec la crème et le sel. Porter à ébullition en remuant de temps en temps.

2 Retirer la casserole du feu et ajouter le vinaigre. Remuer. Laisser reposer de 8 à 10 minutes, jusqu'à ce que le mélange caille.

3 Pendant ce temps, tapisser un tamis d'un coton à fromage ou d'un linge. Placer le tamis au-dessus d'un bol.

4 Transvider la préparation au lait dans le tamis. Laisser égoutter au réfrigérateur de 1 heure 30 minutes à 2 heures.

> La ricotta crémeuse est parfaite pour farcir vos pâtes et vos viandes ou pour garnir vos lasagnes, pizzas, tartines, et bien plus !

Le rôle du vinaigre

Bien que facultatif, l'ajout de vinaigre permet d'accélérer le processus permettant au petit-lait (lactosérum) de se séparer du caillé (partie solide). En effet, sans agent acidifiant, la préparation devra être laissée sur le feu environ 30 minutes avant d'obtenir le caillé, tandis qu'en ajoutant le vinaigre blanc, la coagulation se produira en quelques minutes à peine. Notez que le vinaigre blanc peut être remplacé par du vinaigre de riz ou du jus de citron.

> Si vous souhaitez réaliser une ricotta sucrée pour vos desserts, évitez l'ajout de sel et ajoutez plutôt du sucre à glacer, du miel ou du sirop d'érable à la préparation une fois celle-ci terminée.

LE FROMAGE À GRILLER

Préparation : 10 minutes – Temps d'égouttage : 1 heure – Quantité : 1 brique

- 2 litres (8 tasses) de lait gras (3,25 % et plus)
- 5 ml (1 c. à thé) de sel
- 90 ml (6 c. à soupe) de vinaigre blanc

Ne jetez surtout pas le petit-lait récupéré : il sera parfait pour vos recettes (crêpes, pâtisseries, purées de pommes de terre, etc.) !

1 Dans une grande casserole, verser le lait. Ajouter le sel et bien mélanger.

2 Chauffer la préparation à feux moyen-élevé jusqu'à ce qu'elle atteigne une température de 90 à 95 °C (194 à 203 °F).

Vous n'avez pas de thermomètre à la maison ? Il est possible d'évaluer la température du lait plus grossièrement en observant sa surface. Le point d'ébullition du lait se situe autour de 100 °C (212 °F), donc à 90 °C (194 °F), il commence à frémir et quelques bulles montent à la surface. Laissez-le chauffer quelques minutes à cette température en prenant soin de le surveiller pour éviter qu'il ne déborde !

3 Retirer la casserole du feu et ajouter le vinaigre. Remuer. Laisser reposer de 8 à 10 minutes, jusqu'à ce que le mélange caille.

4 Pendant ce temps, tapisser un tamis d'un coton à fromage ou d'un linge. Placer le tamis au-dessus d'un bol.

Pour que votre brique de fromage à griller tienne bien, il faut éviter de la rendre trop mince. Pensez donc à utiliser un tamis avec une plus petite circonférence afin d'obtenir une brique plus épaisse.

5 Transvider la préparation au lait dans le tamis. Laisser égoutter de 15 à 20 minutes.

6 Rabattre les côtés du coton à fromage ou du linge sur le fromage. Déposer une petite assiette sur le linge et presser à l'aide d'un poids d'au moins 5 lb. Laisser égoutter de 45 minutes à 1 heure.

Pour presser votre fromage, utilisez ce que vous avez sous la main ! Conserves lourdes, cannettes pleines, poids libre... Plus vous mettez de poids, plus le temps de compression diminue !

LE LABNEH (FROMAGE DE YOGOURT)

Préparation : 10 minutes – Temps d'égouttage : 12 heures
Quantité : 250 ml (1 tasse) ou 8 boules

> Vous pouvez préparer cette recette en utilisant votre yogourt maison ou du yogourt du commerce !

- 750 ml (3 tasses) de yogourt nature

Pour assaisonner (facultatif) :

- 1 citron (zeste)
- 2 gousses d'ail hachées
- 30 ml (2 c. à soupe) d'origan séché
- 2,5 ml (½ c. à thé) de flocons de piment
- Poivre au goût

1 Si désiré, mélanger le yogourt avec les assaisonnements dans un bol. Transférer la préparation au yogourt dans un coton à fromage ou un linge mince. Former un baluchon avec le tissu, puis le suspendre au robinet ou sur une poignée d'armoire. Placer un bol sous le baluchon afin de récupérer le petit-lait.

Vous pouvez aussi mettre le baluchon dans un tamis déposé sur un bol et placer le tout au réfrigérateur !

2 Pour du labneh crémeux à tartiner. Laisser égoutter de 12 à 15 heures selon la texture désirée, puis transférer dans un contenant hermétique.

3 Pour des boules de labneh. Laisser égoutter 24 heures, puis façonner huit boules en utilisant environ 30 ml (2 c. à soupe) de préparation pour chacune d'elles.

Le yogourt perd beaucoup de volume lors de l'égouttage. Prévoyez le coup en doublant la recette si vous voulez partager !

Des idées pour aromatiser son labneh

On peut aromatiser son labneh pour en faire une version salée ou sucrée. Voici quelques idées d'ingrédients à y incorporer :

- Concombres et fines herbes
- Ail et fines herbes (pour en faire du fromage à tartiner de type Boursin)
- Épices zaatar (mélange d'épices du Moyen-Orient)
- Purée de poivrons rouges
- Pesto
- Framboises et sirop d'érable
- Extrait de vanille

PETIT RAPPEL

Égouttage de 12 heures = texture de fromage à tartiner

Égouttage de 24 heures = texture de fromage de chèvre frais

LE FROMAGE À LA CRÈME

Préparation : 5 minutes – Cuisson : 18 minutes – Temps de repos : 9 heures
Quantité : 250 ml (1 tasse)

- 250 ml (1 tasse) de crème 35 %
- 250 ml (1 tasse) de lait 2 %
- 180 ml (¾ de tasse) de yogourt nature 2 %
- 2,5 ml (½ c. à thé) de sel

1 Dans une casserole, mélanger tous les ingrédients. Porter à ébullition en remuant constamment. Laisser mijoter de 18 à 20 minutes à feu moyen, jusqu'à ce que la préparation ait légèrement épaissi.

2 Laisser tiédir sur le comptoir pendant environ 1 heure, jusqu'à ce que la préparation atteigne une température de 40 °C (104 °F).

3 Transvider la préparation dans un contenant hermétique, puis placer au réfrigérateur. Laisser reposer 8 heures ou toute une nuit.

Pour varier les saveurs du fromage à la crème

N'hésitez pas à diminuer la quantité de sel de cette recette et à compenser en parfumant votre fromage à la crème avec les aromates de votre choix (ciboulette, ail, pesto, etc.).

Si désiré, vous pouvez aromatiser votre fromage en incorporant des herbes séchées à l'étape de l'égouttage, juste avant le pressage.

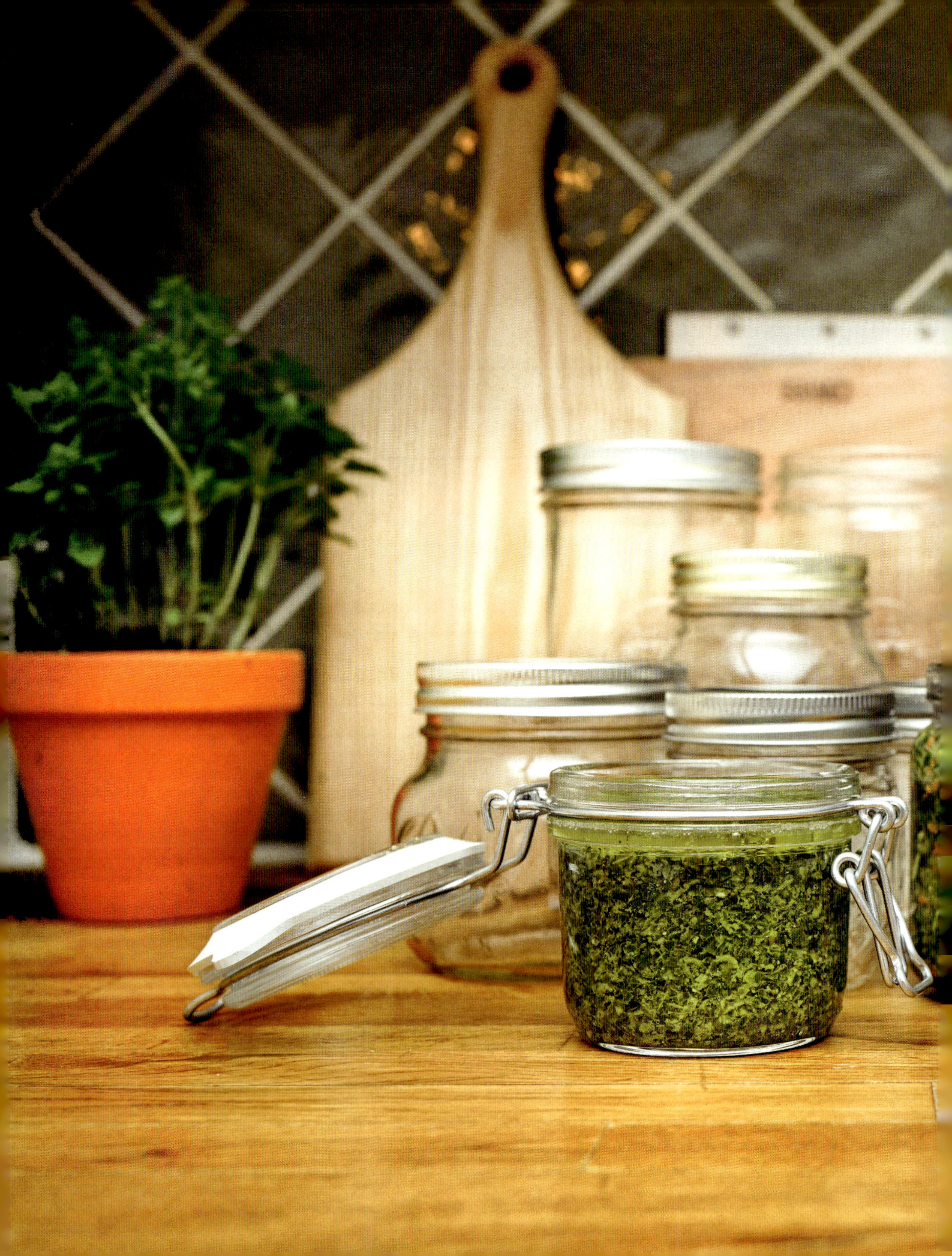

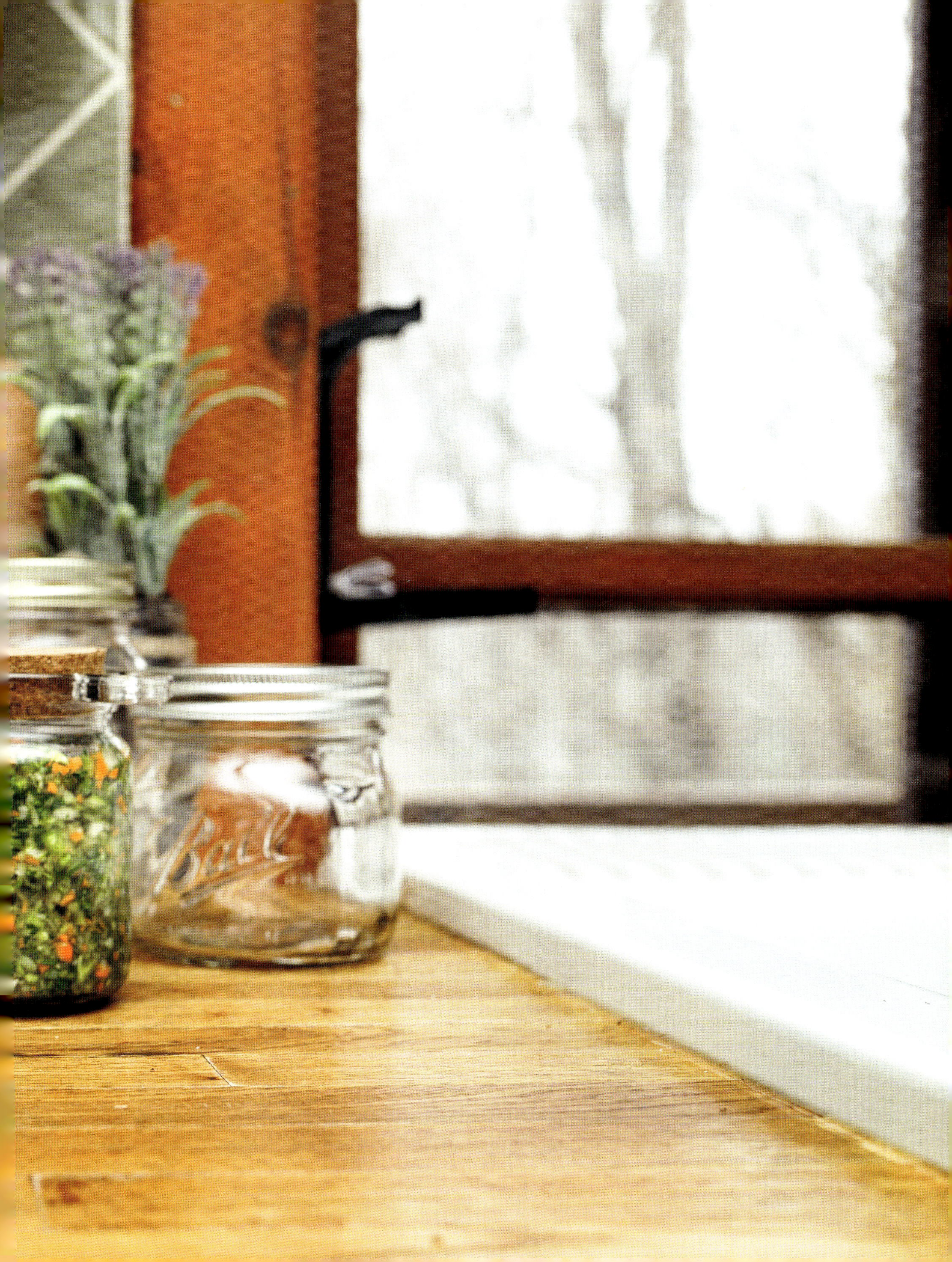
Ball

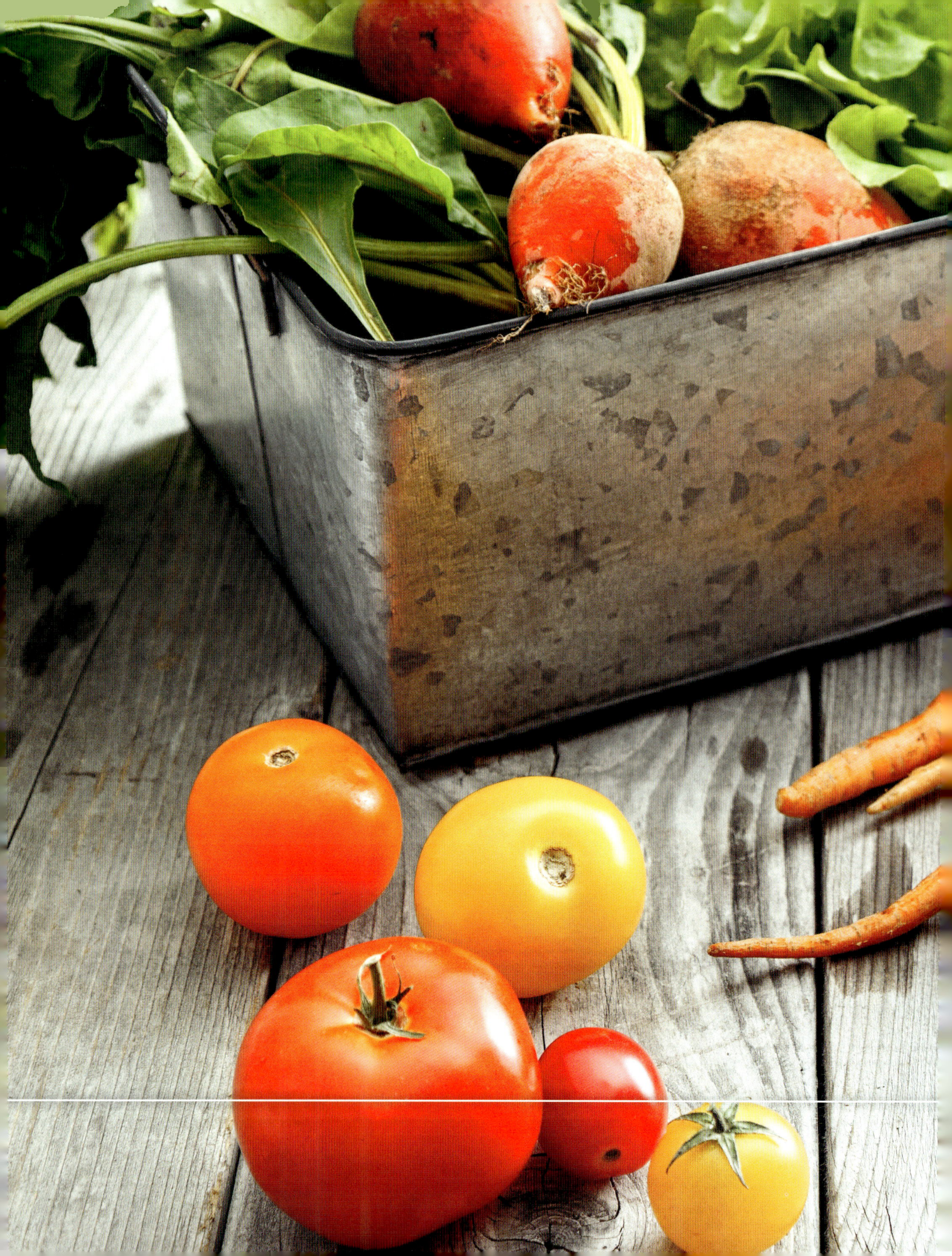

CONSERVATION DES RÉCOLTES

Rien ne se perd,
tout se conserve (ou presque!)

Alors que les potagers gagnent de plus en plus en popularité, on ne sait pas toujours quoi faire des merveilles cueillies sur notre petit lopin de terre ou nos quelques pieds carrés de balcon. Économiques et faciles à réaliser, les différentes techniques de conservation sont fort utiles pour préserver et faire durer nos saveurs estivales. Lumière sur ces petits tours de passe-passe qui combleront les papilles – et allégeront les dépenses! – tout au long de l'année.

« J'adore les soupes aux légumes, l'hiver! J'y mets des morceaux de tomates venant tout droit de mon potager, c'est tout simplement fantastique! », confie Pierre Blain, directeur général de la Fédération des sociétés d'horticulture et d'écologie du Québec (FSHEQ). Fervent adepte de la conservation depuis toujours, Pierre tire cette passion et ce savoir-faire de ses grands-parents. Il a même su adapter ses méthodes au fil des décennies.

Cet habitué des potagers a commencé à conserver ses récoltes il y a 20 ans, alors qu'il avait, à l'époque, un jardin communautaire. Si, aujourd'hui, c'est désormais sur son balcon qu'il cultive son potager, ce serait une erreur de croire qu'il n'en tire pas pour autant de beaux produits. « Mon potager fait à peine 1,5 m de long sur 30 cm de large, mais vous devriez voir la variété de tomates et de fines herbes que j'ai! », assure Pierre, qui cultive également des laitues et des oignons verts. La capacité de son potager n'est en rien à sous-estimer. La preuve, c'est que la conservation des produits qu'il récolte garantit un peu plus de 50 % d'autonomie à sa famille et lui-même, et ce, grâce aux principaux procédés de conservation présentés ici.

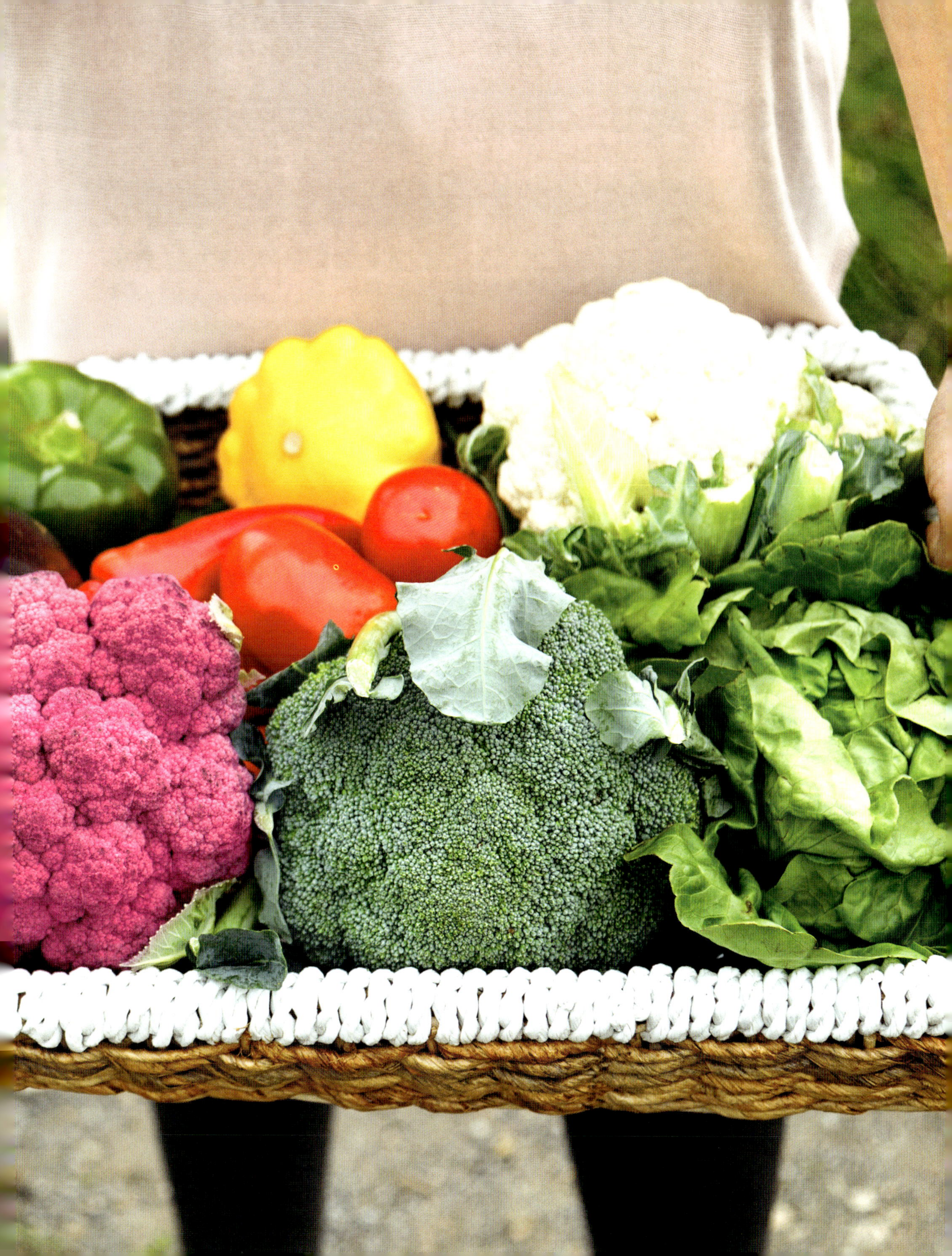

La congélation

Selon Pierre, qui affirme congeler «énormément» de choses, cette première technique fonctionne très bien, entre autres en ce qui concerne «les petits fruits, les fraises, les framboises, les mûres, les cerises et même les pêches». Ainsi, il congèle d'abord sur une plaque les fruits qu'il achète, avant de les glisser dans des sacs qu'il garde au congélateur, sans que cela lui prenne d'ailleurs trop d'espace. Pierre peut ensuite se servir dans ses provisions au cours de l'hiver. «Je suis un maniaque des pêches, mais c'est impossible à manger l'hiver parce qu'elles nous viennent de loin et, de façon générale, ne sont pas aussi savoureuses. En les congelant en été, cela me permet de les ajouter dans des préparations, comme les muffins ou les poudings, et de concocter de merveilleux desserts.»

Même chose pour les tomates, qui peuvent se conserver de différentes façons. Pierre commence par les blanchir sans les peler, avant de les séparer en diverses portions dont la taille variera en fonction de l'utilisation qu'il en fera. Qu'il s'agisse d'en congeler quelques poignées à la fois pour en glisser dans de futures soupes, ou encore des portions plus importantes – et condimentées d'ail ou de fines herbes – en prévision de sauces pour les pâtes, un rien de préparation suffit, et le voici paré pour toute la saison. «Quand on arrive le soir à la maison et que l'on veut se préparer rapidement une sauce tomate, on n'a même pas besoin de décongeler. On verse directement notre bloc de préparation dans la poêle, et en moins de temps qu'il ne faut pour le dire, on a une sauce tomate fraîche et riche», remarque-t-il, en notant que les tomates peuvent aussi être congelées entières. Cela vaut pour à peu près tous les légumes, relève-t-il, en insistant toutefois sur l'importance du blanchiment préalable, notamment pour les légumes-racines.

En optant pour un congélateur coffre (à l'horizontal), vous maximiserez votre capacité de congélation en quantité, mais aussi en qualité. En effet, comme l'air froid descend, ce type de congélateur conserve mieux les basses températures. De plus, comme on l'ouvre moins souvent, les aliments subissent moins de fluctuations de température que dans le compartiment congélateur du réfrigérateur. Pour éviter d'oublier les aliments qui seront au fond – et donc moins visibles –, pensez à vous créer une liste de votre inventaire afin de garder le fil.

Jeune trentenaire installée à Montréal depuis quelques années, Émilie Gaillard s'adonne quant à elle à la conservation depuis trois ans. Pour elle, la congélation de certains produits permet d'éviter le gaspillage alimentaire. «J'aime bien congeler des produits d'utilisation courante comme le chou vert, les poireaux et le céleri. Ce genre de légumes que l'on utilise dans les recettes en petite quantité, mais que si on en achète une boîte, on a rapidement fait d'en jeter l'essentiel à la poubelle, car on n'aura pas le temps de tout manger.» C'est pourquoi la jeune femme en garde toujours dans de petits sacs dans son congélateur, prêts à l'emploi.

La chambre froide

Il s'agit d'un lieu frais et à l'abri de la lumière dans lequel toutes sortes de légumes que l'on ne souhaite pas forcément congeler peuvent être conservés. Si, à première vue, l'expression « chambre froide » semble tout droit tirée d'un roman, cette technique de conservation n'a pourtant rien d'extravagant.

De fait, une chambre froide peut tout aussi bien être un sous-sol non chauffé qu'un espace aménagé pour cet usage et qui permet de garder les légumes à basse température, en les préservant de la même façon que s'ils étaient encore dans le potager.

Attention, par contre, à ce que l'air n'y devienne pas trop sec! En déposant les légumes dans des bacs remplis de sable et de sciures de bois, ils pourront être conservés longtemps en n'étant pas dans des conditions idéales.

À bien des égards, le bac à légumes de notre réfrigérateur peut être considéré comme une chambre froide, souligne Pierre Blain. « L'exemple parfait de cela, c'est l'industrie qui conserve, entre autres, les pommes dans des entrepôts réfrigérés, à peu près à 2 °C. Comme particuliers, les chambres froides que nous construisons peuvent nous permettre d'obtenir une conservation de qualité similaire. » Pierre se souvient encore des chambres froides de son enfance, où ses grands-parents gardaient carottes, navets, pommes de terre et autres aliments pendant de longs mois, sans que ceux-ci perdent leurs saveurs.

Si vous souhaitez conserver des fruits (pommes, poires, etc.) dans une chambre froide, informez-vous sur leurs spécifications de conservation. Certains fruits pourraient dégager des gaz qui interféreraient avec les légumes présents.

Le caveau

Référence typique de la chambre froide pratique et facile à mettre en place, le caveau est une technique dont la popularité ne se dément pas, bien qu'elle ne date pas d'hier. Si un sous-sol frais et non chauffé peut faire l'affaire, le caveau peut également prendre la forme d'une construction à part entière juxtaposée à la maison. On ne le répétera jamais assez, ses maîtres mots sont « fraîcheur » et « obscurité ». On placera dans le caveau des caisses remplies de sable dans lesquelles on glissera les légumes pour mieux les conserver.

« Certains mettent du sable, d'autres simplement des casiers où ils déposent les légumes. Cela ne prend vraiment pas d'aménagement particulier. L'obscurité et la fraîcheur de l'endroit permettent d'empêcher le mûrissement des produits. Certains construisent les caveaux dans une petite pièce adjacente à la maison, ou même dans le garage », mentionne Pierre. D'après lui, le caveau est également un endroit idéal pour conserver des légumes comme les courges et les oignons.

Que les personnes vivant en appartement se rassurent : un caveau peut tout à fait être aménagé dans un petit espace cellier, ou tout simplement dans un placard donnant sur l'extérieur et que l'on veillera à ne pas chauffer.

Reposant sur des procédés similaires à ceux du caveau, la technique du « papier journal » peut s'avérer concluante en vue de réguler le mûrissement de certaines récoltes que l'on aurait en trop grande quantité et dont on voudrait prolonger la durée de vie. Nos tomates vertes de fin de saison en surplus peuvent ainsi être enveloppées individuellement dans du papier journal, puis conservées dans un endroit frais et obscur. On en sortira ensuite quelques-unes au fur et à mesure en fonction de nos besoins, et on les disposera sur le rebord d'une fenêtre pour les laisser mûrir, explique Pierre, qui a souvent recours à cette méthode.

Photo tablette avec conserves : Shutterstock

La mise en conserves

« L'essayer, c'est l'approuver » pourrait être l'adage qui correspond le mieux à cette technique de conservation qui, automne après automne, continue de faire de nouveaux disciples. La mise en conserves offre toute une palette de possibilités, depuis les légumes simplement mis en pots et stérilisés jusqu'aux préparations plus élaborées, comme les sauces, les soupes et les ragoûts.

Bien que son potager d'appartement encore trop petit ravisse pour le moment davantage ses yeux que son fin palais, Émilie Gaillard n'est pas moins une convertie de la mise en conserves. Chaque saison des récoltes, elle fait le plein de légumes du marché avant de fignoler d'onctueuses préparations, dont sa fameuse sauce bolognaise. Son secret ? L'autoclave, un appareil à pression spécialement conçu pour la stérilisation et la mise en conserves domestique, dont elle a fait l'acquisition il y a quelques années. Cet outil est incontournable pour une conservation des viandes sécuritaire et exempte de toxines.

« Ça me coûte beaucoup moins cher en sauces. Un autre avantage réside dans le fait de pouvoir manger des aliments vers lesquels je ne me tournerais pas hors saison. Ça ne me tente pas d'acheter, par exemple, des tomates en hiver qui viennent de je ne sais où et que l'on arrive à faire pousser en plein mois de décembre. Au moins, avec mes sauces, je sais ce que j'ai mis dedans », fait valoir Émilie.

Même chose du côté de Pierre Blain, qui ne dissimule pas l'un de ses péchés mignons, les confitures maison, qu'il met en conserves en prévision de l'hiver. « Cette année, mes confitures de fraises se sont terminées en avril. D'avril jusqu'au mois de juillet, je n'ai donc pas pu en manger. J'étais en manque ! », confie-t-il dans un éclat de rire.

Une autre sorte de préparation que le directeur général de la FSHEQ aime particulièrement mettre en bocaux ? Les légumes marinés, ou *pickles*. À l'instar des *pickles*, d'autres types de marinades peuvent être facilement apprêtées pour garantir la pérennité de nos légumes. Après avoir été pelés et grillés au four, les poivrons peuvent se conserver dans un bocal rempli d'huile, par exemple. « Les carottes se gardent très bien et peuvent servir de crudités. Le navet blanc se mange bien cru, comme dans la cuisine libanaise où on le conserve avec du jus de betteraves, ce qui est également excellent », explique Pierre.

Photo caveau : journal Autour de l'île

La conservation des fines herbes

Une première option s'offre aux personnes désireuses de conserver leurs fines herbes : la congélation. Pierre Blain utilise cette méthode, et il aime notamment congeler des bouquets de thym l'automne venu afin de s'en servir plus tard dans ses recettes.

Pour une herbe comme le populaire basilic, par contre, mieux vaut procéder différemment. Il est préférable de plonger les feuilles dans de l'huile que l'on fera frémir, pour qu'elles y infusent. La préparation sera ensuite versée dans de petits contenants que l'on remplira et refermera soigneusement. « Ce procédé donne des résultats magnifiques. Tout le parfum de l'herbe se dégage ainsi dans l'huile, ce qui nous permet par la suite de parfumer nos plats, notamment les salades », suggère Pierre.

Une troisième option est le séchage. Les herbes sont étalées sur une plaque de cuisson, puis mises à sécher dans le four à basse température. On peut aussi suspendre des bouquets de fines herbes, feuilles vers le bas, et les laisser sécher. Cette méthode, bien que plus lente, permet de sécher les herbes fraîches sans dépenser d'énergie. Le séchage constitue par ailleurs la marche à suivre pour l'élaboration de tisanes maison.

> **LES PRODUITS PLUS COMPLIQUÉS À CONSERVER**
>
> La conservation de certains légumes peut davantage relever du défi, de par la consistance et la texture de ceux-ci. C'est notamment le cas des courgettes, qui s'accompagnent de peu d'options de conservation à long terme, si ce n'est d'être blanchies et conservées dans l'huile, ainsi que de l'aubergine. « On peut la transformer en caviar d'aubergine, mais après conservation, ce ne sera pas le légume dont on pourra se servir pour faire une moussaka ou une aubergine parmigiana. Le goût sera là, mais on ne sera pas capable de le cuisiner de la même façon », remarque Pierre Blain, qui suggère également de transformer ce genre de légumes plus complexes en ratatouilles faciles à mettre en conserves.

On peut faire sécher nos fines herbes grâce à la chaleur du jour en se construisant un séchoir. L'important, c'est d'avoir de la chaleur et une bonne circulation d'air, sans toutefois que les herbes soient exposées à la lumière directe du soleil. Il s'agit, en quelque sorte, d'une cuisson lente comme celle d'un four !

Conserver en toute sécurité

Si la conservation ne requiert pas une expertise approfondie et qu'elle est accessible à tout un chacun, une attention toute particulière doit être portée aux différents procédés afin d'éviter le développement et la prolifération de bactéries. On doit veiller à la bonne stérilisation des contenants destinés à la mise en conserves. Pour ce faire, on peut faire chauffer les bocaux au four pendant une quinzaine de minutes. Les couvercles peuvent quant à eux être plongés dans une casserole d'eau bouillante.

« On met toujours le produit encore chaud dans le pot stérilisé. Ensuite, on le referme et on attend que le couvercle soit bien pris et que la stérilisation soit faite avant de le visser correctement », conseille Pierre Blain, qui rappelle que des produits mal stérilisés sont à risque de développer la bactérie causant le botulisme. C'est pourquoi on doit impérativement utiliser un autoclave et cuisiner des recettes déjà testées avant de se mettre à la mise en conserves. Des conseils de conservation sont offerts sur le site du MAPAQ.

Chose sûre, lorsqu'elle est bien réalisée, la conservation des aliments offre une foule d'avantages à ceux qui s'y adonnent. La qualité et la fraîcheur des produits consommés au quotidien s'en font sentir, tout comme les économies réalisées sur notre facture d'épicerie à court et moyen termes.

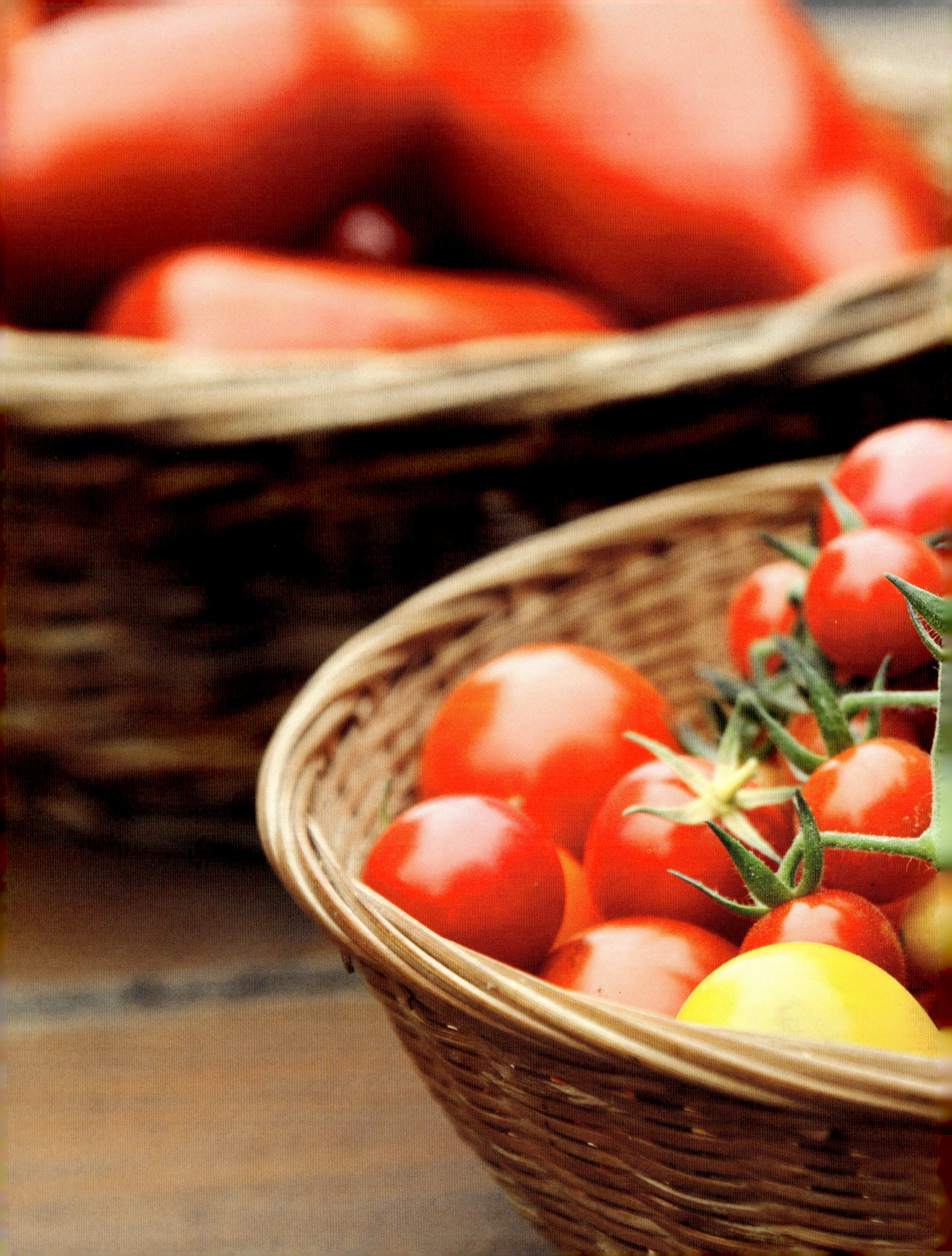

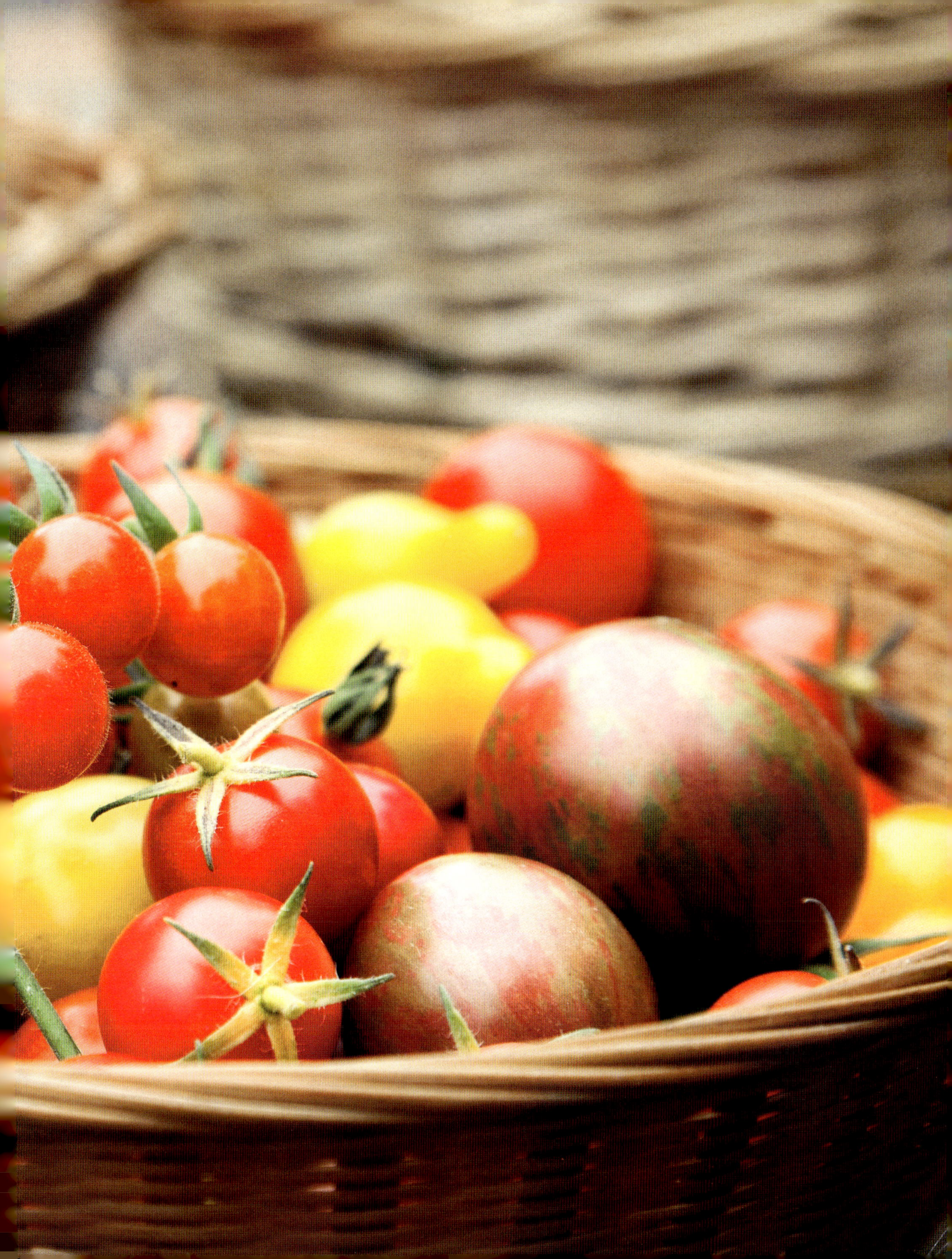

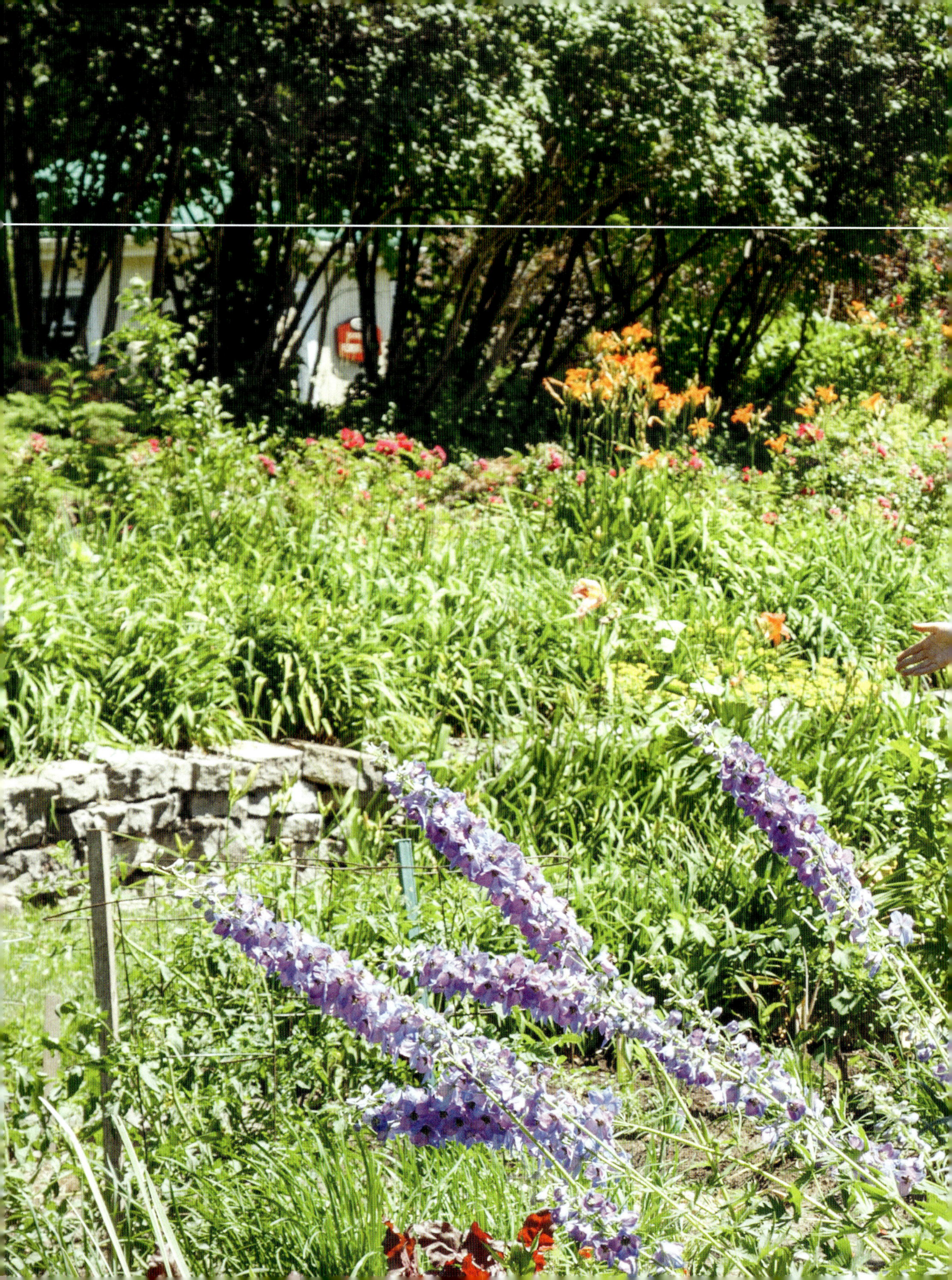

L'AUTOSUFFISANCE PAR LA COMMUNAUTÉ

Tous ensemble, on y arrive!

On ne peut aborder le sujet de l'autosuffisance alimentaire sans parler des efforts collectifs pour atteindre ce noble objectif, qui seront bénéfiques autant pour les individus eux-mêmes que pour la planète. Laissez la communauté vous guider dans votre aventure!

Toutes les personnes à qui nous avons parlé pour réaliser ce livre nous l'ont confirmé : on ne peut pas devenir 100 % autonome sans compter sur la communauté. Tant mieux, car il y a une foule de belles façons de s'entraider et d'élargir son réseau! En voici quelques-unes.

Les jardins communautaires

Pas assez d'espace pour jardiner dans votre cour? Heureusement, les jardins communautaires permettent à tous les citoyens d'avoir accès à une parcelle de terre. Les jardins communautaires sont des bouts de terrain séparés en petites sections (aussi appelées «jardinets»), chacune pouvant être cultivée par un individu ou une famille. Ces jardins sont gérés par les arrondissements ou par un conseil d'administration de citoyens et il faut s'inscrire pour y avoir accès. Comme ils sont très populaires, ne tardez pas à vous mettre sur la liste d'attente! Une équipe de bénévoles se charge de l'entretien général ainsi que des points d'eau, et des outils sont accessibles pour les membres.

Cultiver ses légumes dans un jardin communautaire est aussi l'occasion de socialiser avec les gens du quartier, adultes comme enfants, et ce, dans un environnement nourricier!

Communautaire... ou collectif?

Le jardin collectif est un peu différent du jardin communautaire dans le sens où il s'agit d'une parcelle de terre cultivée par plusieurs individus, et dont les récoltes, tout comme les tâches, sont partagées par ces derniers. Il permet lui aussi d'échanger des connaissances avec les autres jardiniers. Il faut toutefois s'entendre sur l'horaire des tâches et le choix des cultures, ce qui demande un peu plus de souplesse que si l'on choisit le jardin communautaire. Vous avez beaucoup d'espace chez vous? Pourquoi ne pas créer un mini-jardin collectif avec votre entourage? Les tâches de culture seront ainsi moins accaparantes!

Le troc : de retour à la mode

Échanger une douzaine d'œufs contre des tomates, de la viande d'agneau contre du travail au jardin, du miel contre du bois pour rénover son poulailler… Le troc n'a pas de limites ! C'est un moyen d'échange de personne à personne qui n'implique aucune transaction et qui a toujours existé. En agriculture, il est très prisé ! Il y a de nombreuses façons de faire du troc : entre voisins ou amis, en famille, lors d'événements et même en voyageant ! En effet, des fermes partout dans le monde permettent d'aller travailler sur leur domaine en échange d'apprentissages, de repas et d'un toit. D'ailleurs, un réseau mondial de fermes biologiques appelé « WWOOF » (World Wide Opportunities on Organic Farms) – d'où l'expression populaire « faire du *wwoofing* » – permet d'entrer en contact avec des fermiers d'ici et d'ailleurs. Une telle expérience peut s'avérer très intéressante sur le plan humain, mais aussi fournir des trucs en agriculture durable à essayer chez soi.

Les réseaux sociaux

Dans un processus d'autosuffisance alimentaire, les réseaux sociaux (forums ou groupes Facebook, par exemple) sont des alliés de taille. Ils sont très utiles pour s'informer sur des techniques de culture, d'élevage et de conservation, ainsi que pour trouver des solutions à des problèmes comme des maladies ou des insectes qui affectent notre potager ou nos animaux. Ils permettent également de connaître les événements en lien avec la culture maison (fêtes des semences, ateliers et conférences, formations), les produits et techniques à découvrir ainsi que les changements dans la réglementation. Ce sont des lieux d'échange où l'on peut poser nos questions et laisser les membres nous répondre selon leur expérience personnelle.

Photo marché : Shutterstock

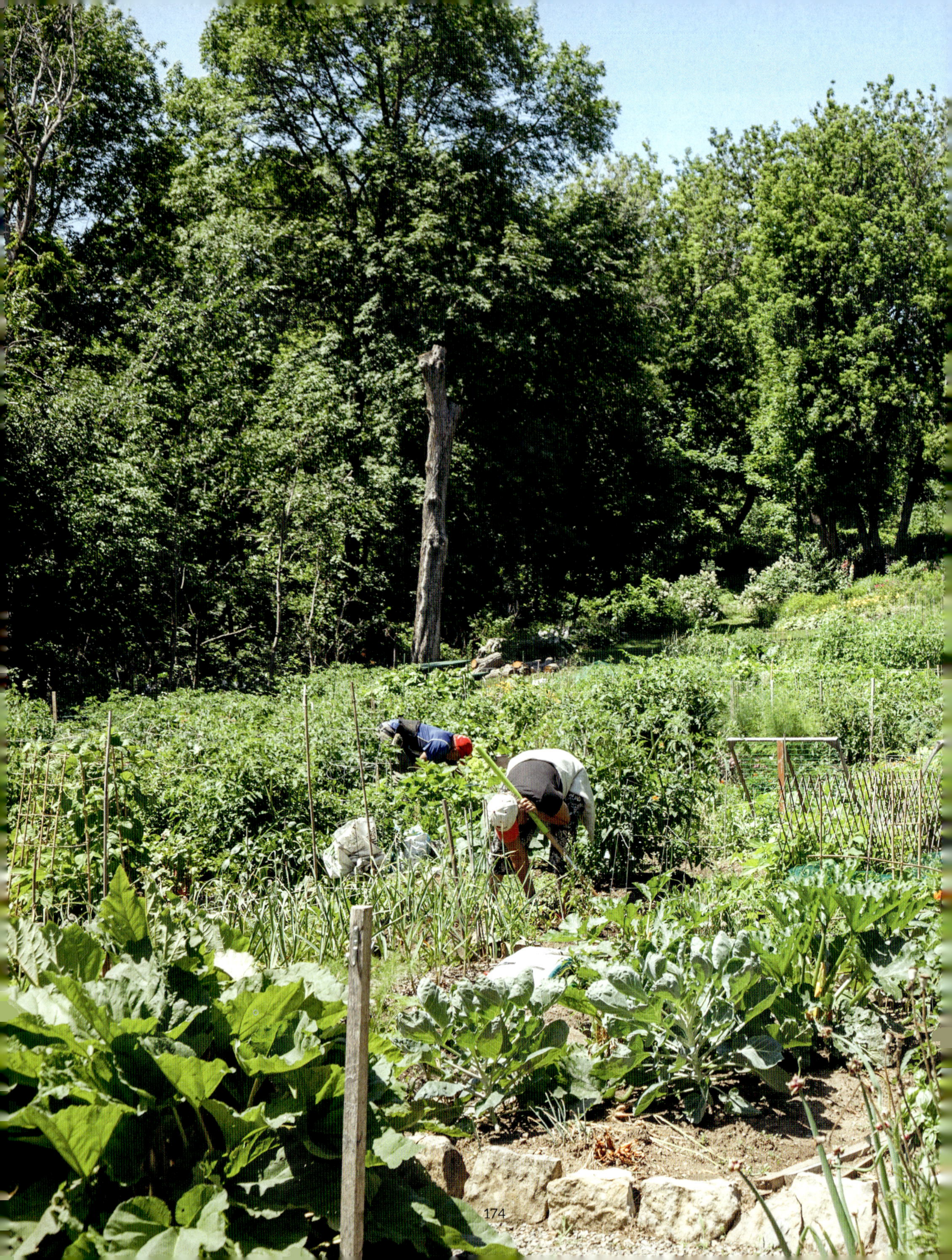

Le réseautage

Certains organismes organisent des rencontres de réseautage pour les gens qui s'intéressent à l'auto-suffisance alimentaire. Il s'agit de belles occasions d'échanger des connaissances, et même de trouver des occasions d'échanges de biens et de services avec d'autres acteurs du domaine. Par exemple, une rencontre ayant lieu dans une fermette familiale visant l'autosuffisance pourrait mener à une entente d'échange d'un « coup de main » sur la ferme contre des conseils de démarrage, ou encore à des échanges de surplus de récoltes entre les participants. Voilà une belle façon de créer des liens avec votre communauté, tout en avançant vers votre objectif d'autosuffisance alimentaire!

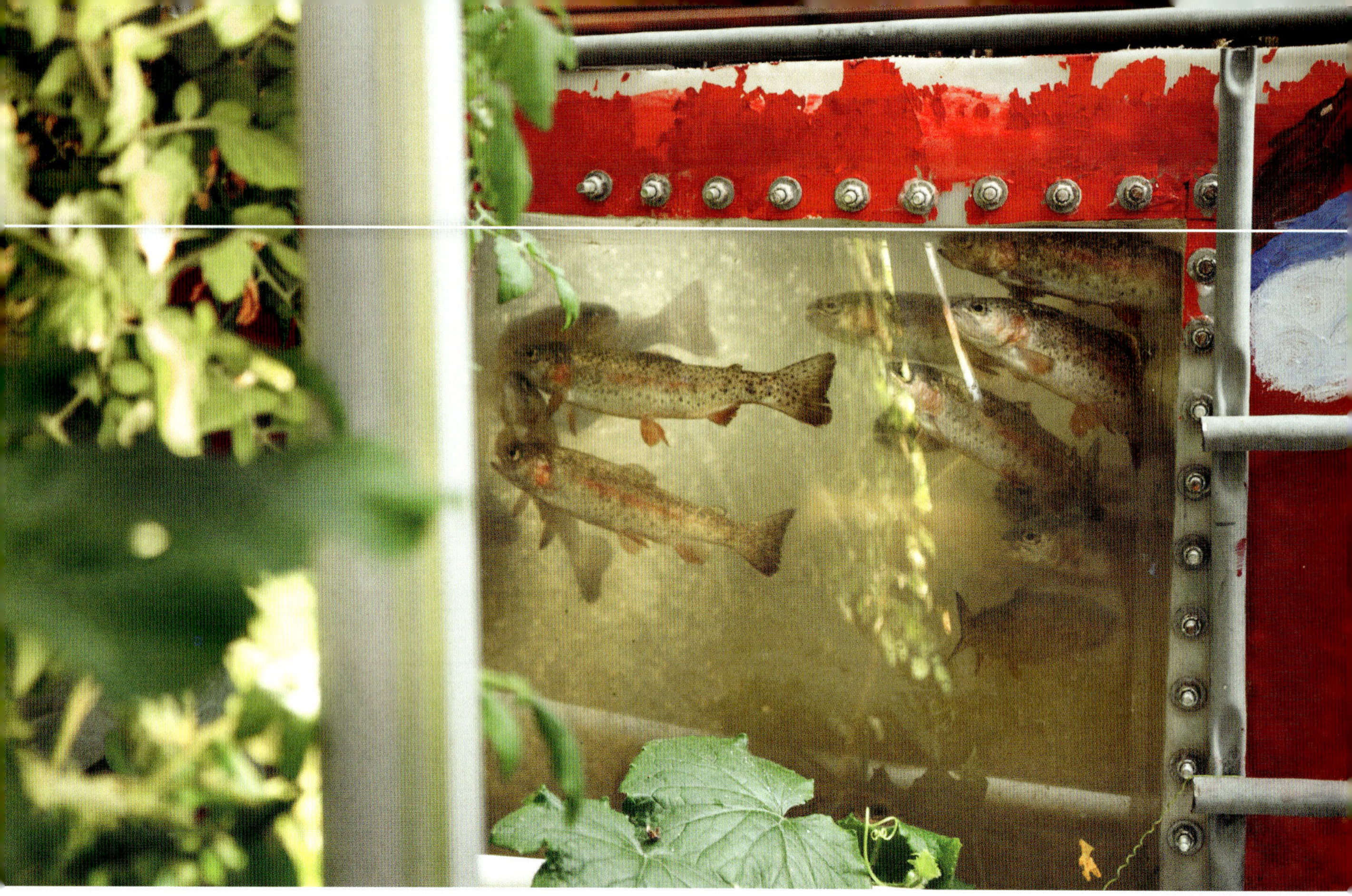

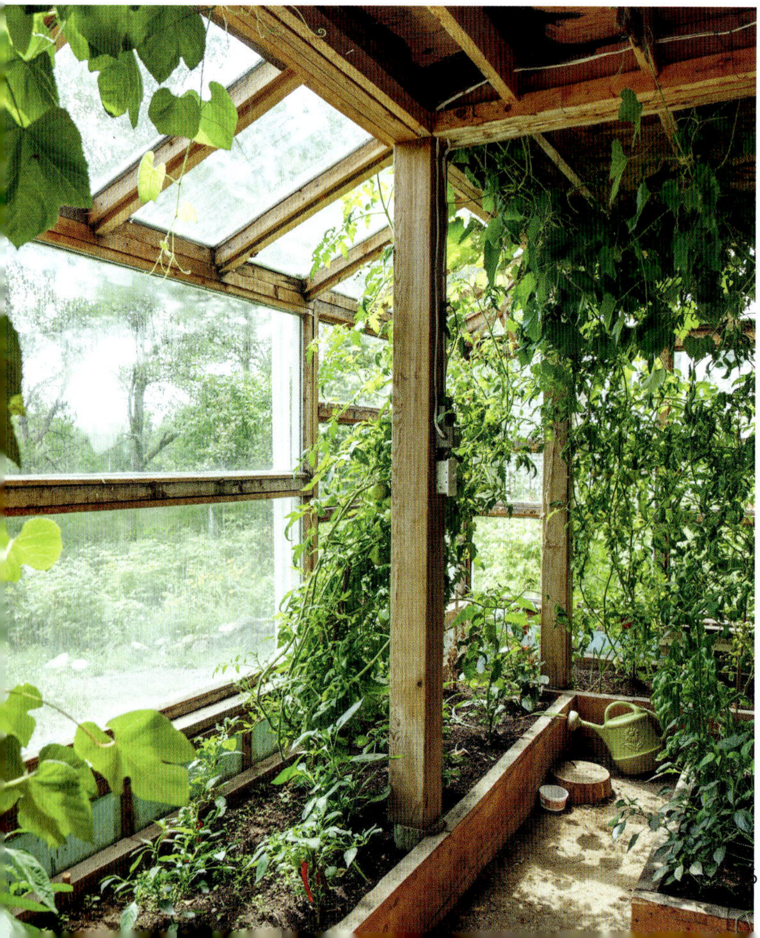

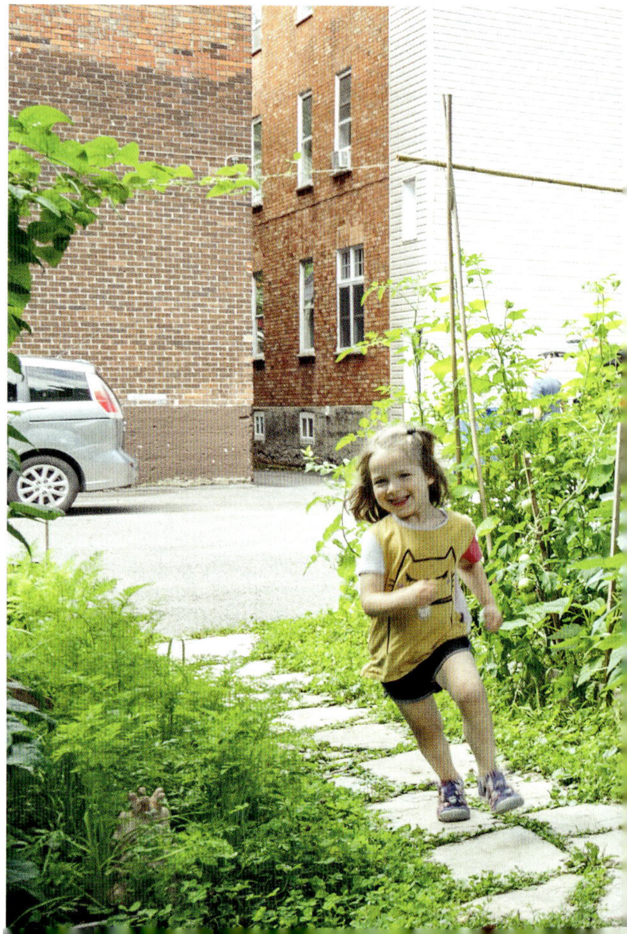

TÉMOIGNAGES DE CRINQUÉS

En route vers une autonomie totale

Il va sans dire que l'atteinte d'une autonomie alimentaire totale exige beaucoup d'efforts. C'est toutefois l'objectif à long terme d'Audrey Martel et de son conjoint Félix-Olivier Brisson, qui mettent tout en œuvre pour y arriver. Audrey nous fait entrer dans son univers pour le moins inspirant !

Audrey, originaire de Québec, et Félix-Olivier, de Chicoutimi, ont vécu pendant plusieurs années de façon plutôt nomade, louant de petits appartements ici et là, vivant dans une tente, puis dans un campeur, pour enfin s'installer de manière permanente dans cette maison à Labrecque, au Saguenay–Lac-Saint-Jean. Leur but ? S'alimenter de ce qui est produit chez eux, s'approvisionner en biens grâce au troc, échanger des services et, un jour, posséder leur propre gîte. Audrey nous accueille à bras ouverts, pot de framboises fraîchement cueillies suspendu autour du cou.

Cette maison, ils l'ont eue pour pas cher, et il faut dire qu'elle était déjà bien équipée : poulailler, meubles, etc. L'ancien propriétaire avait même surélevé la maison pour y aménager une serre intérieure au sous-sol. Audrey et Félix récupèrent des matériaux, du mobilier et des objets de toutes sortes afin d'améliorer l'efficacité de leurs installations en dépensant le moins d'argent et d'énergie possible. Même leurs amis ont une liste de ce dont ils ont besoin ! « En ramassant tout gratos, il faut être patient », constate Audrey. Les pneus serviront à fabriquer des tours à patates, les vieux abris d'auto à revamper leurs serres et les six barils à récupérer l'eau de pluie. Le couple se permet du neuf parfois, comme de la peinture et du vernis, ou encore des accessoires pour les enclos des poules et des oies.

Joyeuse basse-cour

À gauche de la maison se trouve l'enclos pour la volaille, où logent entre autres deux dindes domestiques. « C'est laid, mais quand ça chante, c'est super *cute* ! », s'exclame Audrey. Son conjoint et elle ont aussi quatre oies et un couple reproducteur de canards de Barbarie. « C'est vraiment vaniteux, il y a des miroirs partout, ce n'est pas pour rien. Les canards passent leurs journées à se regarder. » Tous ces oiseaux cohabitent sans problème, à l'exception de la canne, qui vient d'avoir un caneton et qui bénéficie d'un espace juste pour elle et son petit. Les différentes espèces dorment toutefois dans des endroits séparés, fermés pour la nuit afin de les protéger contre les renards et les coyotes, mais elles se mélangent entre elles dès que la porte s'ouvre le matin. Plus tard, Audrey ajoutera des pintades ou des faisans à son élevage. Un peu plus loin, un joli poulailler, qu'Audrey appelle le « condo à poules », héberge des poules blanches et rousses. Tout près, on trouve une cage pour les cailles. Audrey peut aller chercher de bons œufs frais chaque jour !

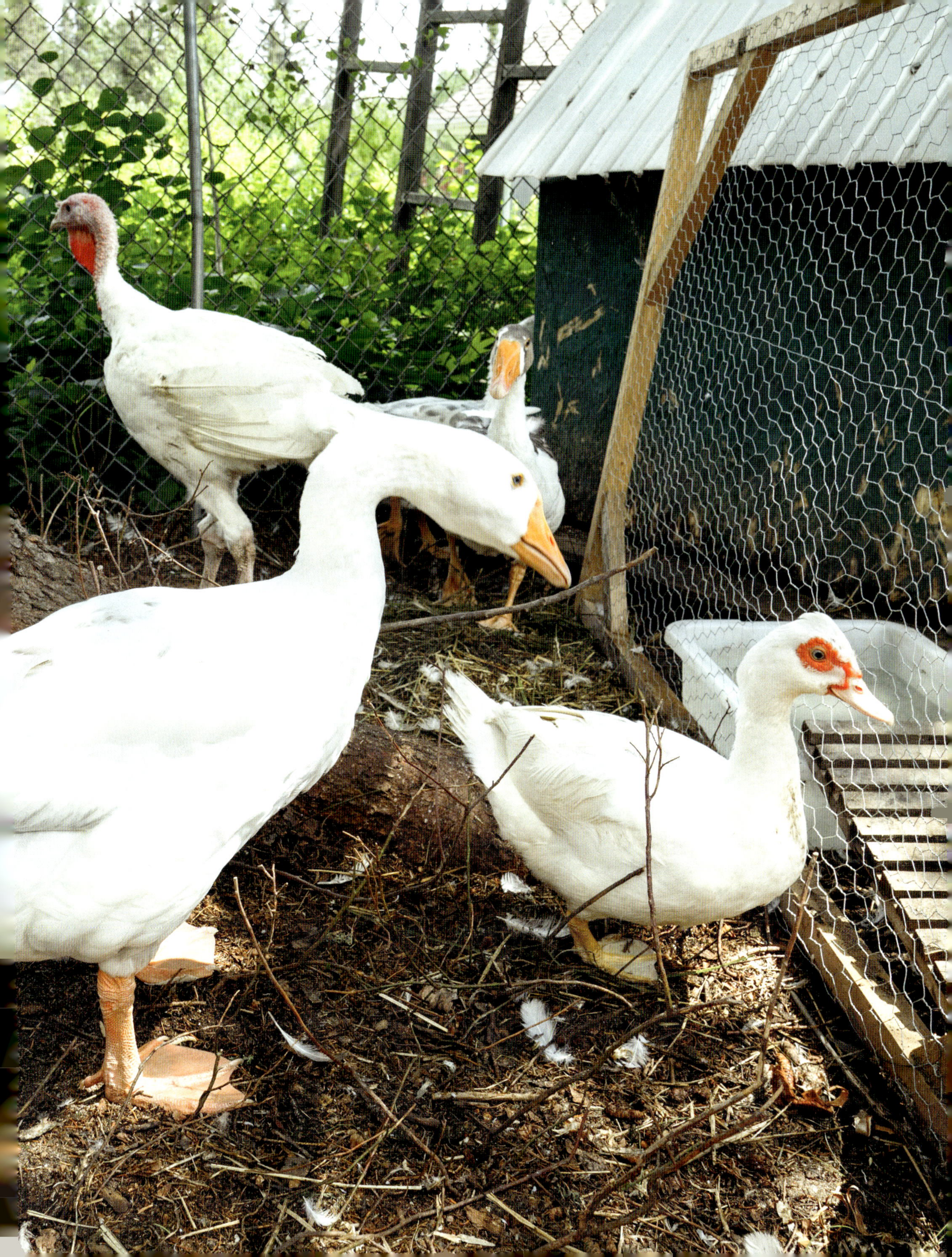

Fruits et légumes sur demande

Dans une serre extérieure, on trouve entre autres des tomates et des zucchinis à volonté. Des bacs de plantation bordent l'arrière de la maison et un grand potager à droite de celle-ci produit en abondance. Des fruits et des légumes, ce n'est pas ça qui manque ici! Le choix est vaste: rhubarbe, cerises de terre, carottes, céleri-rave, courge Butternut… Les arbres et les arbustes fruitiers, que l'on retrouve un peu partout sur le terrain, sont aussi de la partie: amélanchiers, framboisiers, muriers, pommiers et poiriers. Pour entretenir ses cultures, Audrey y met plusieurs heures par jour. Et comme elle arrose à l'arrosoir avec l'eau accumulée dans les barils de récupération d'eau de pluie, elle peut facilement consacrer deux heures à cette activité lors des canicules. «Pas besoin d'aller au gym!», rigole-t-elle. Dans l'un des potagers, elle utilise aussi la technique du goutte-à-goutte, qui consiste à enfoncer dans la terre des bouteilles (dans ce cas-ci, des bouteilles de vin) remplies d'eau pour assurer un arrosage régulier. Pour arroser ses cèdres, elle utilise l'eau de baignade des oiseaux, enrichie d'engrais naturel.

Audrey prévoit rénover sa serre extérieure en l'enfonçant un peu dans la terre pour qu'elle soit plus basse, qu'elle consomme moins d'électricité et que le sol gèle moins vite. L'été, la température dans la serre peut monter jusqu'à 50 ou même 60 °C, dit-elle. La serre intérieure, elle, permet de prolonger la saison et de la devancer. Car en février, il fait environ 30 °C (86 °F) à l'intérieur. «Moi, j'ai les pieds dans le sable!», s'amuse Audrey. Ses laitues et ses épinards commencent à pousser à ce moment de l'année. Elle cultive également une bonne quantité de plants de tomates et de la vigne, entre autres.

Divines tisanes maison

Non seulement les fruits et les légumes abondent ici, mais les fines herbes et les fleurs aussi, et elles sont amplement mises à profit. « Si les gens cherchent les abeilles, elles sont ici ! », lance Audrey en pointant son jardin de fleurs et d'arbustes situé sur le terrain en pente. Tout ce qui pousse est comestible. Par exemple, Audrey utilise la feuille de marguerite en salade et prépare des câpres maison avec le bouton de la fleur. Elle procède aussi au séchage de plusieurs plantes et fleurs, comme l'hémérocalle, le myrique baumier, la monarde, la pimprenelle et l'achillée millefeuille, qu'elle consomme en tisane. Un de ses objectifs est d'obtenir un permis afin de pouvoir créer ses tisanes maison et de les vendre sur demande.

Autres transformations

Audrey s'inspire des recettes qu'elle trouve dans des livres de recettes et sur des groupes Facebook pour cuisiner ce qu'elle récolte dans son potager et cueille dans la forêt. Elle concocte notamment des tomates séchées, du pesto de tomates et du vinaigre d'érable ou de trèfle. Elle fait aussi ses épices, comme la poudre d'oignon ou d'ail. Son déshydrateur alimentaire, qui lui sert à faire sécher les fines herbes, lui permet aussi de préparer de délicieuses croustilles de zucchinis. Son truc pour ne pas cuisiner lors des chaleurs d'été ? Mettre une partie des récoltes, comme les petites tomates et la rhubarbe coupée, au congélateur, et les sortir l'hiver venu pour faire ses recettes.

L'autonomie, un mode de vie

Vouloir être 100 % autonome demande de l'ingéniosité, du temps et de la volonté. Pour Audrey et Félix-Olivier, qui aiment le plein air et voir du pays, cela peut parfois être contraignant. « Pour des gens comme nous qui sommes super aventuriers, on trouve ça plus dur un peu de ne pas pouvoir partir. » Ils doivent compter sur des « gardiennes » qui s'occuperont des animaux et des cultures durant leur absence. Malgré l'assiduité que cela exige, ce mode de vie correspond aux valeurs du couple. « Avant, j'étais une poule de luxe qui surconsommait, j'allais au restaurant et ça me coûtait entre 300 et 400 $ à moi toute seule », raconte Audrey. Trois mois après avoir rencontré Félix-Olivier, il y a plus de six ans, Audrey s'est jointe à lui pour marcher entre Québec et la Gaspésie afin de ramasser des fonds pour le cousin de Félix-Olivier, qui souffre d'un handicap. « Ça a changé ma vie. Quarante-cinq jours dans le bois à ruminer, à manger de la bouffe déshydratée. Quand je suis revenue chez nous, je me suis dit : "C'est pas vrai que je vais continuer de même". » À leur retour au bercail, ils se sont débarrassés de la plupart de leurs biens matériels et ils sont allés planter des arbres. C'est ainsi que leur belle histoire a commencé.

Aujourd'hui, le couple essaie de se concentrer sur son grand projet d'autonomie, tout en travaillant quelques mois par année, notamment dans le milieu de la plantation d'arbres pour Félix-Olivier et de la restauration pour Audrey, dans le but d'avoir éventuellement un gîte.

Les deux amoureux intègrent de nouvelles pratiques dans leur processus d'autonomie, mais cela se fait graduellement. Audrey aimerait bien avoir une chèvre, pour avoir du lait et du fromage, mais ça devra attendre. « J'aime tellement le fromage, les yogourts, mais je ne suis pas encore prête à en faire, je n'ai pas le temps. »

Le troc, c'est la clé

Le couple a un grand potager, des serres et des animaux, ce qui lui permet de subvenir à plusieurs de ses besoins, mais pas tous. Le secret, pour bénéficier d'une diversité alimentaire, réside donc dans le troc ! Et le couple semble plutôt doué en la matière. Bien qu'Audrey aime cuisiner, l'été, elle le fait moins lorsqu'il fait trop chaud. Parfois, elle donne des fruits et des légumes à sa voisine, qui les transforme et en fait des conserves. En échange, Audrey hérite de quelques pots. Elle échange également avec cette voisine des œufs contre du pain maison.

Côté viande, Félix chasse le lièvre et est actuellement à la recherche d'un contact pour obtenir de l'original et du chevreuil. Audrey offre ses services de barmaid — elle apporte même des fines herbes cueillies dans son jardin pour préparer ses cocktails ! — dans un restaurant situé près de chez elle. En échange, elle a de la viande d'agneau qui appartient à la même entreprise. Parfois, le couple se fait donner du doré ; récemment, il a même eu de l'ours !

Pour ce qui est des produits ménagers ou cosmétiques, elle demande à ses belles-sœurs : l'une coud et lui fabrique des vêtements et des linges pour nettoyer, l'autre fabrique des bombes de bain, par exemple. « Je fabrique mon savon tout usage, mais je ne ferai pas mon déodorant. Ça me coûte un déo par année, une bouteille de shampoing par deux ans », dit-elle.

Pour Audrey, avoir sa propre maison lui permet d'une part d'être plus autonome, car elle peut produire sa propre nourriture. Elle doit encore compter sur son réseau pour plusieurs éléments, mais elle y voit quelque chose de positif là-dedans aussi, soit l'esprit de communauté. D'autre part, c'est une façon pour elle de redonner au suivant. «On est tellement restés longtemps chez les gens que maintenant, depuis qu'on a notre maison, on les remercie, alors on est *non-stop* avec du monde. Les gens nous ont tellement dépannés.»

Dans la forêt près de sa maison, Audrey cueille entre autres des champignons, dont le chaga, le champignon crabe ainsi que du thé du Labrador.

Une cour urbaine
productive en famille

En plein cœur du quartier Montcalm, à Québec, François Talbot, sa conjointe et leurs quatre filles profitent d'une belle cour urbaine… qui a un petit quelque chose d'unique. On y trouve un grand potager, un poulailler ainsi qu'une ruche d'abeilles. Il y a de quoi attirer les curieux du coin ! Et c'est un peu ce que souhaite créer François : un esprit de communauté et de partage entre voisins.

À l'arrière du bloc où est située la copropriété de François, on aperçoit, derrière le stationnement, un îlot verdoyant. Son potager, ainsi que celui du voisin, ouvre la voie au reste de la cour. Concombres, tomates, haricots, edamames, anis et basilic sont parmi les fines herbes et les légumes cultivés que ses enfants, sa conjointe Sara et lui prennent plaisir à déguster chaque jour. Du trèfle tapisse le sol, mais quelques endroits clairsemés témoignent du passage des poules. De grands arbres surplombent le terrain, créant une atmosphère enveloppante et intime.

François aime s'y retrouver quotidiennement. « Tous les matins, je me lève avec les enfants, et à un moment donné, je sors. Je viens nourrir les poules, je mange deux ou trois framboises, je prends deux haricots… C'est un immense prétexte pour toujours "taponner" dehors. » Comme il dit consacrer ses journées de travail à envoyer des courriels et à répondre au téléphone, il apprécie ces moments où il pose des gestes concrets, comme installer un treillis et faire pousser de la vigne afin d'avoir des raisins.

Et il apprend d'une année à l'autre. Par exemple, cette année, il a semé plus tôt que l'an dernier, et il a l'intention de semer une seconde fois pour que le potager soit plus productif – chose qu'il ne faisait pas les années précédentes. Il aime essayer de cultiver de nouveaux légumes, comme le maïs à popcorn. « Je ne pense pas qu'on va pouvoir écouter la trilogie du *Seigneur des anneaux* sur notre *batch*, mais… »

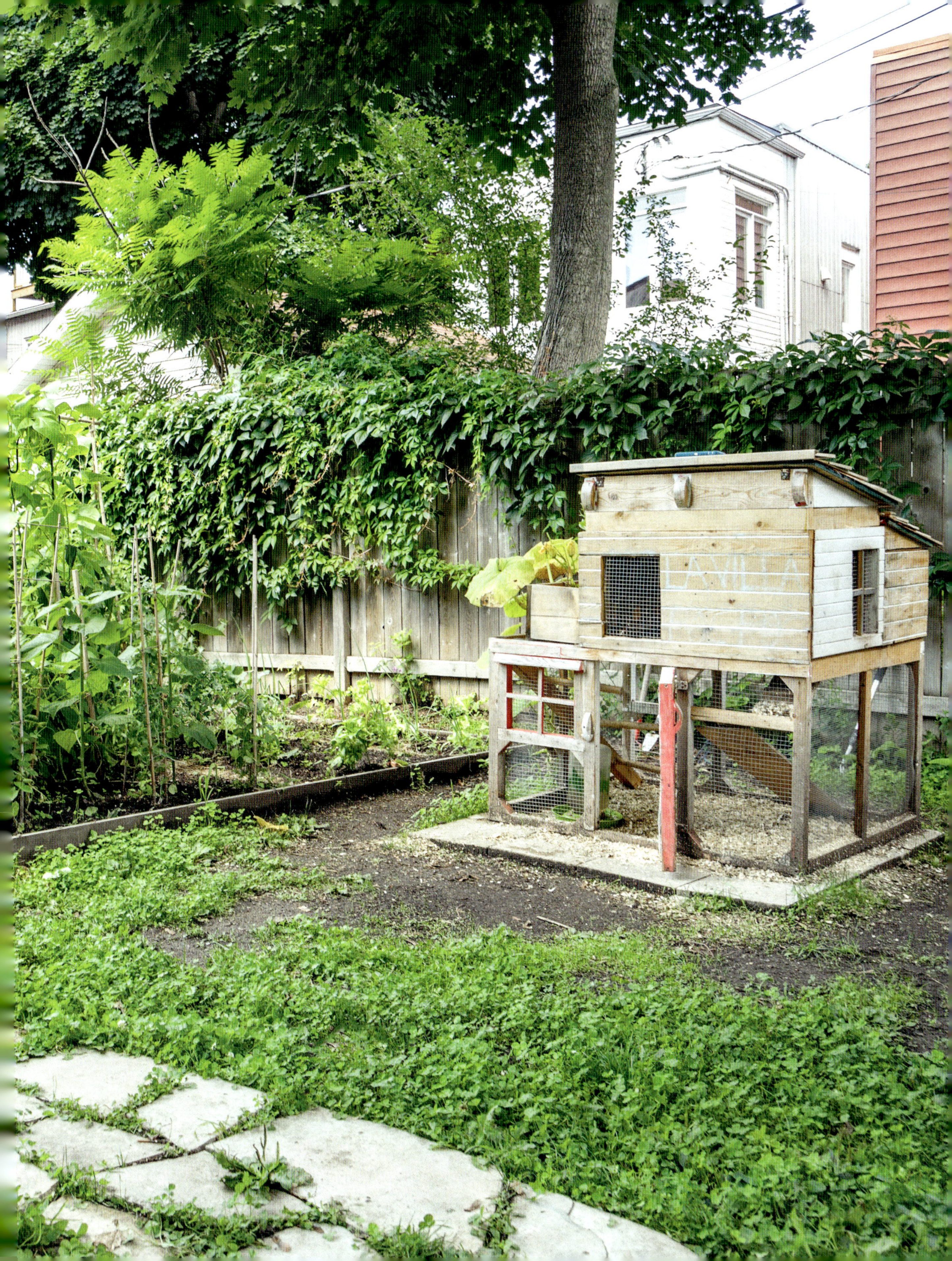

Miel à volonté !

Au fond de la cour, trois caisses de bois empilées constituent l'habitat d'ouvrières assidues : environ 50 000 abeilles y travaillent pour produire du miel, fournissant près de 40 kg par année de ce délicieux nectar à François (ainsi qu'à ses voisins et amis !). Aidé par des professionnels en installation de ruches à domicile pour bâtir la sienne, il est désormais à l'aise de manipuler les différents cadres où les abeilles créent les alvéoles ainsi que de récolter lui-même son propre miel, à mains nues, mais avec une protection pour la tête.

Sa fille Zoé, âgée de 5 ans, a appris récemment comment tremper son doigt directement dans une alvéole pour goûter au miel, même si les abeilles sont tout près. Sa grande sœur Marie, âgée de 9 ans, a même laissé une abeille se promener sur sa main. Pour François, le volet pédagogique découlant de la culture des légumes et de l'élevage de poules et d'abeilles est très important. Il a même participé à l'installation de bacs de plantation à l'école de ses filles afin d'initier les enfants au jardinage.

Bon voisinage

François donne non seulement une éducation à ses enfants, mais aussi à ses voisins, car ce n'est pas tout le monde qui, d'emblée, est ouvert à l'idée d'avoir une ruche si près de sa maison. C'est d'ailleurs la principale inquiétude du père de famille, qui a toujours un plan B, prêt à agir dans l'éventualité où des voisins se plaindraient du bruit que font les poules ou des essaims d'abeilles qui peuvent se créer. « L'obstacle le plus dur, c'est l'anxiété qui vient avec le fait de ne pas vouloir déranger. Je le vis encore. [...] On ne veut pas déranger, que les gens pensent que c'est malpropre, ou qu'ils se fassent piquer. » Il n'est pas prêt à se battre s'il y a des plaintes répétées du voisinage par rapport au poulailler, par exemple. « On est encore dans une phase transitoire. Les poules, à Québec, ça fait juste 4 ans ! »

De manière générale, les voisins sont tolérants envers les animaux de François, voire curieux. Certains viennent avec leurs enfants et leurs petits-enfants pour les observer. Quelques échanges se font parfois, comme un pot de miel contre un pot de confiture ou une pièce de cerf fraîchement chassé. Cela se fait tout naturellement, dans la bienveillance. Des voisins ont également demandé à François et à Sara de venir porter leurs restants de table dans leur bac à compost. Le bon voisinage permet aussi à la famille de partir en vacances l'esprit tranquille, car les soins du potager et du poulailler sont confiés aux voisins : ils arrosent les plants et nourrissent les poules, et en échange, ils peuvent récolter les légumes. Les rôles sont inversés lorsque les voisins doivent s'absenter !

Vers l'autosuffisance ?

Ce n'est pas l'objectif de François et Sara. « On est plus dans un *trip* d'exploration des différentes opportunités qui s'offrent à nous que de rendement. » Ils souhaitent être autosuffisants en œufs l'été et en miel à l'année, mais le potager sert plutôt à approvisionner la famille en collations, et chacun se sert quand il veut. Le couple complète ses rations de légumes en achetant des paniers de légumes biologiques et locaux.

C'est avec une grande excitation que François imagine les prochains essais qu'il fera dans sa cour. « Cette année, c'est la première fois que mon jardin se relie à celui de mon voisin. L'année prochaine, je veux me faire des séquences dans mon agenda, penser à planter ça aux deux semaines, aller plus loin avec les plantes médicinales », se réjouit-il.

DES ABEILLES EN VILLE

Les abeilles produisent non seulement du miel délicieux, mais elles sont aussi des pollinisateurs essentiels dans les écosystèmes, nous permettant ainsi de produire notre nourriture. Avant de vous lancer dans l'installation d'une ruche, informez-vous sur les formations offertes pour le démarrage d'une ruche, de même que sur la réglementation, l'emplacement et l'équipement nécessaires. Sachez d'abord qu'une ruche doit être installée à au moins 15 m d'une voie publique ou d'une habitation, sauf exception, et que l'investissement de départ est d'au moins 600 $.

Si vous ne souhaitez pas nécessairement avoir de ruche, mais que vous aimeriez que votre jardin reçoive la visite d'abeilles, pensez à semer des plantes comestibles ou médicinales telles que l'agastache, le trèfle blanc, la monarde, le millepertuis, la bourrache, la lavande, le romarin et le thym. Tous les petits gestes qui contribuent à la préservation des abeilles sont les bienvenus !

Des légumes et des truites à l'année

Sébastien Audet a construit sa première serre, qu'il appelle son « lab », en 2014, dans l'optique d'être un jour autonome sur le plan alimentaire. Récemment, il a décidé de la faire passer à un autre niveau. Il possède désormais un système d'aquaponie sur son terrain, situé à Saint-Augustin-de-Desmaures, qui vise à approvisionner sa famille en légumes et en poissons à l'année.

Avant d'en arriver là, Sébastien a fait plusieurs essais… et plusieurs erreurs! Pour l'entrepreneur autodidacte, qui n'a aucune formation dans le domaine horticole ou aquaponique, ce fut un parcours semé de quelques embûches, mais motivé par une grande volonté. « Je n'ai pas grandi là-dedans, c'est quelque chose qui m'a appelé. L'autonomie, j'appelle ça de la liberté, mais aussi de la résilience. En étant autonome, tu n'es pas dépendant. Être dépendant, j'appelle ça une faiblesse. Si je suis obligé de dépendre d'un système ou d'une chaîne d'approvisionnement, d'un train qui arrive de l'Ouest et qui se fait bloquer… » Voilà donc les réflexions qui ont poussé Sébastien à développer son projet de serre aquaponique. « Le matin, je prends mon café et je viens ici. Ça *grounde*. Ils disent tout le temps qu'il faut faire un peu de méditation le matin… »

Comment ça fonctionne ?

L'aquaponie est un écosystème en boucle fermée dans lequel poissons, plantes et bactéries vivent en symbiose. Il s'agit d'une combinaison entre l'aquaculture (élevage d'animaux aquatiques) et l'hydroponie (culture de plantes sans sol). Les déjections des poissons renferment de l'ammoniac, de l'urée, du phosphore et du potassium. Les bactéries qui se trouvent dans le bassin transforment l'ammoniac en nitrates, qui sont ensuite assimilés par les plantes. Ces dernières filtrent l'eau des poissons. Le plus intéressant, avec ce système en symbiose, c'est qu'il ne nécessite ni engrais supplémentaire, ni herbicide, ni pesticide. Il utilise également beaucoup moins d'eau que l'agriculture traditionnelle et peut s'effectuer dans des espaces restreints.

Dans une grosse installation, on peut calculer 3,5 litres d'eau pour un maximum de 225 g (½ lb) de poisson. Il est possible d'élever des truites, comme le fait Sébastien, mais il faut savoir qu'elles prennent plusieurs mois à se développer. Le tilapia, la perche, la carpe, la tanche et l'achigan sont aussi de bons choix pour l'aquaponie. Les poissons rouges sont également les bienvenus dans les tout petits systèmes, mais ils ne sont pas comestibles. Ciblez vos besoins et informez-vous sur les conditions requises pour chaque espèce !

L'engrais naturel ainsi produit par les déjections de poisson est donc biologique. Sébastien ajoute même du fumier de lapin dans le bac de minéralisation pour enrichir l'engrais en nutriments.

Dans la serre de Sébastien Audet, on trouve le système aquaponique qu'il s'est construit : un bassin de truites, un système de pompes et de filtres en double boucle et un potager vertical.

LE CYCLE DE L'AZOTE

Avant d'introduire les poissons, il est recommandé de procéder au cyclage de l'eau, soit en ajoutant petit à petit de l'ammoniac en poudre dans le système pour favoriser l'apparition des bactéries qui participeront à la nitrification de l'ammoniac. Après plusieurs semaines, dès qu'il n'y a plus d'ammoniac dans le bac à plantes (une analyse de l'eau est donc nécessaire), le système est prêt à accueillir les poissons.

Un système en simple et en double boucle

Au départ, Sébastien s'était doté de cinq lits de croissance de 1,22 m^2 (4 pi^2) ainsi que d'un bassin de poissons. Il s'agissait d'un système en boucle simple. L'eau était d'abord contenue dans le bassin des truites, où elle était enrichie de bactéries et de minéraux grâce aux déjections des poissons. Ensuite, propulsée par une pompe, l'eau était envoyée vers les racines des plantes, qui s'en alimentaient tout en la filtrant. L'eau filtrée continuait enfin son chemin en retournant dans le bassin des truites, puis la boucle recommençait. Pour ce type d'installation, il faut penser à utiliser un siphon-cloche à l'extrémité du tuyau qui se déverse dans le bac des plantes afin d'assurer le remplissage et le drainage automatiques. Dans ce bac, un substrat est nécessaire pour supporter les plantes, comme des billes d'argile expansée, dont les aspérités et les trous retiennent les bactéries.

Le problème avec cette technique en boucle simple, selon Sébastien, c'est que les racines des plantes peuvent prendre de l'expansion, boucher les tuyaux, bloquer le cycle et, par le fait même, priver les poissons d'eau et d'oxygène. « La dernière fois que ça m'est arrivé, j'ai décidé de tout abandonner. J'étais rentré ici de vacances et ça m'a brisé le cœur. J'avais une quarantaine de truites qui flottaient », raconte-t-il.

Le nouveau système que Sébastien a mis en place en est un à double boucle, dans lequel l'eau provenant du bassin de poissons est filtrée par un biofiltre et se jette dans un contenant indépendant, à l'intérieur duquel les déjections déjà filtrées sont minéralisées et débarrassées des nitrates qui ne se seraient pas décomposés. L'eau dans laquelle baignent les plantes circule aussi dans un système indépendant. Elle monte dans les tuyaux, elle ruisselle et elle passe par le circuit racinaire des plantes (culture sur film nutritif – NFT). Les deux systèmes se rejoignent pour ensuite redistribuer l'eau grâce aux pompes et aux tuyaux qui relient tous les éléments.

Un autre avantage de miser sur un système à double boucle est que l'on peut décider d'élever des poissons ou des crustacés d'eau salée et avoir tout de même de l'eau douce à donner aux plantes.

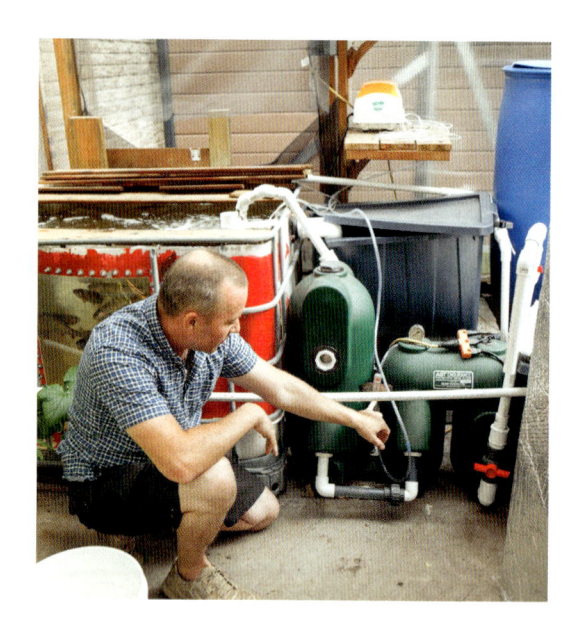

> Le secret d'un système aquaponique efficace, c'est la qualité de l'eau ! Il faut une eau propre, bien oxygénée et à la bonne température.

Pour le bien-être des truites

Le grand bassin dans la serre de Sébastien contient 45 truites achetées dans un centre de pisciculture. Au départ, elles mesuraient environ 10 cm (4 po), et après une année, elles mesureront entre 51 et 63 cm (20 et 25 po). Selon le passionné d'aquaponie, cela fera entre 41 et 45 kg (90 et 100 lb) de truite qu'il pourra consommer et faire congeler. Il achètera ensuite d'autres petites truites, et le cycle suivra son cours. Avec cette quantité, sa famille et lui pourront manger des truites à l'année.

Sachez que les truites aiment nager dans une eau froide qui ne dépasse pas 25 °C (77 °F). Il faut les nourrir une fois par jour et compter entre 5 et 10 g de moulée par truite, selon leur grosseur. On ajustera la quantité de moulée au fil de la croissance. Il en coûte environ 40 $ pour 20 kg (45 lb) de moulée. Gardez en tête que la moulée choisie doit être bien équilibrée et nutritive.

Il existe des modèles de mangeoires automatiques qui permettent de réduire encore plus les allées et venues dans la serre.

> Pour commencer un système aquaponique, misez sur des plantes robustes à croissance rapide qui demandent peu de nutriments, comme les légumes à feuilles (laitues, roquette) ou les fines herbes.

Un potager vertical pour gruger moins d'espace!

Durant le confinement imposé pendant la pandémie de la COVID-19 en 2020, Sébastien a eu comme idée de projet familial de construire un jardin vertical de 0,6 m (2 pi) de profondeur, d'environ 2,75 m (9 pi) de longueur et de 3 m (10 pi) de hauteur, augmentant ainsi sa capacité de production de légumes. « Je ne savais pas, quant à l'inclinaison de mes tuyaux, si je devais les pencher vers les lumières ou les mettre plus droits. C'est pour ça que je l'appelle mon "lab", parce que je suis en rodage. » Dans son potager vertical, il y a 120 emplacements pour différents légumes et fines herbes : courgettes, tomates, concombres, piments, pois mange-tout, haricots verts et jaunes, laitues, basilic, coriandre, ciboulette, persil et menthe. Comme il y a peu d'insectes pollinisateurs qui pénètrent dans la serre, Sébastien fait la pollinisation de certains légumes, comme les concombres et les courgettes, par lui-même à l'aide d'un pinceau. Il y a des billes d'argile expansée dans chaque emplacement pour faire tenir la plante.

L'équipement et les coûts du système aquaponique

Au total, la serre et le système d'aquaponie de Sébastien lui ont coûté près de 7 000 $*. En détail :

▶ Une serre d'une superficie de 2,75 m x 4,57 m (9 pi x 15 pi). Celle-ci a été construite avec du bois, des feuilles de polycarbonate double et du béton pour le sol. Au total, Sébastien a déboursé environ 2 000 $.

▶ Un biofiltre, que Sébastien a fait venir de la Louisiane. Il s'agit de l'élément le plus coûteux : 3 000 $. L'avantage de ce filtre est que grâce à ses billes de plastique, il équilibre l'eau pour qu'elle contienne la parfaite quantité d'ammoniac, de nitrites et de nitrates, qui serviront ensuite à alimenter les plantes. Si le système ne comportait pas de filtre, il faudrait changer 30 % de l'eau du bassin des poissons chaque semaine. Et comme cette eau est riche en ammoniac et en nitrites, il est difficile de s'en débarrasser, car ces éléments sont nocifs pour l'environnement. Avec le filtre, nul besoin de remplacer l'eau, car le processus se fait de lui-même. Tout ce qu'il faut, c'est ajouter de l'eau de temps en temps.

- Un bassin alimentaire pour les truites d'une capacité d'environ 1 000 litres.
- Divers réservoirs pour l'eau et des tuyaux.
- Un compresseur de 100 watts qui alimente tout le système en oxygène.
- Un éclairage à DEL calibré spécialement pour la culture de plantes. Les lumières bleues, jaunes et rouges vont émettre tous les spectres lumineux dont la plante a besoin pour la croissance, la floraison et la production de légumes et de fruits. L'éclairage ne dégage pas beaucoup de chaleur et ne brûle pas les plantes. Chaque lampe a coûté aux alentours de 120 $, et Sébastien en a huit.
- Des billes d'argile expansée en guise de substrat. Un système vertical comme celui-ci requiert beaucoup moins de billes que les lits de croissance : un seul sac de 50 litres à 75 $ suffit (il y en aurait même assez pour un second jardin), alors que pour les lits, une dizaine de sacs étaient nécessaires.

*Tous les prix présentés dans cette liste sont approximatifs et certains éléments ont été récupérés, c'est pourquoi leurs prix ne sont pas indiqués.

« C'est le principe de revenir aux anciennes méthodes, un peu comme nos grands-parents le faisaient. On a tout oublié ça ! On va à l'épicerie, tout est là, tout est facile. Quand tu es autonome, tu es résilient et moins dépendant. »

– Sébastien Audet

Évidemment, avoir une serre aquaponique comme celle de Sébastien vient avec certains coûts (et plusieurs heures de travail !). Mais le jeu en vaut la chandelle, selon lui. « C'est beaucoup de travail au début, mais une fois que tout est installé, si tu passes 15 minutes par jour dans ta serre, c'est déjà beaucoup, tu as vraiment fait le tour », constate Sébastien. En plus, il n'y a aucun désherbage à faire ! C'est un projet qu'il a réalisé en famille, avec l'aide de ses filles, âgées de 9 et 13 ans, et de sa conjointe. Cette dernière avait certaines réserves quant au grand projet de Sébastien. « Je savais que ça ne servait à rien de parler ; le fruit de mon travail, c'est ce qui allait parler ! Aujourd'hui, elle aime vraiment ça. Elle commence à voir ma vision. »

Sébastien souhaite également accéder à une plus grande autonomie énergétique. Et cela va de pair avec l'autonomie alimentaire ! En effet, le panneau solaire qu'il a installé sur le toit de sa maison sert autant à chauffer l'intérieur de la maison que la serre.

Il a également installé un bac de récupération d'eau de pluie, laquelle est utilisée pour irriguer le potager extérieur, mais aussi pour remplir le bassin des truites et les réservoirs pour les plantes.

Une forêt nourricière
dans sa cour

Pour un passionné de la faune, de la flore et de l'agroforesterie comme Dustin Roy, un vaste terrain pour tester différents aménagements d'écosystèmes productifs est un véritable terrain de jeu. Son but est de produire le plus possible en fournissant le moins d'efforts possible, et d'aider les autres à y parvenir également. Et ça fonctionne !

Avec trois enfants de 5, 6 et 9 ans et un travail à temps plein au ministère des Forêts, de la Faune et des Parcs, Dustin ne peut se permettre de passer un temps fou à entretenir ses cultures. Il a donc mis son ingéniosité, son intérêt et sa créativité à profit pour créer des espaces productifs qui demandent peu de soins au quotidien. « Il y a moyen de produire en abondance sans y dédier tout son temps. J'essaie de travailler de manière réfléchie pour gagner du temps et ne pas trop désherber. Le temps qu'il faut que je prenne, c'est pour aller récolter. C'est comme aller à l'épicerie ! », explique-t-il. En lisant beaucoup, en se basant sur ses propres observations et en testant différentes cultures et techniques, il en est venu à avoir un jardin bien rempli et même une production d'ail qui rentabilise tout le reste.

Créer de petits écosystèmes

Derrière la maison de Dustin située à Saint-Félicien, au Lac-Saint-Jean, on trouve un grand potager et plusieurs aménagements pas comme les autres. Ce sont de petites buttes au centre desquelles on trouve des arbres fruitiers et, à leur pied, des vivaces comestibles et des plantes couvre-sol. Ces environnements reproduisent la composition d'une forêt naturelle. Voici un exemple d'aménagement : un poirier, du thym, de l'origan, du trèfle, des fraises, de l'œillet d'Inde, des pensées et de la ciboulette. Tout est comestible, et en plus, il n'y a aucun désherbage à effectuer ou à peine, car l'espace au sol est pleinement occupé. Chaque aménagement est un « modèle agroforestier » que l'on peut reproduire selon les zones de rusticité et l'espace dont on dispose, en effectuant quelques variations. En procédant ainsi, on crée de véritables écosystèmes adaptés à notre environnement et à nos besoins.

Ces mini-forêts nourricières ont plusieurs fonctions. Les vivaces comestibles, comme le thym, l'origan, la ciboulette et la patate en chapelet (un tubercule vivace), peuvent être consommées à volonté tout en occupant les espaces vacants. Plusieurs arbres tels que le saule et l'aulne (lesquels poussent naturellement au Lac-Saint-Jean) sont fixateurs d'azote, tout comme les plantes couvre-sol telles que le trèfle. Les fleurs, elles, attirent les pollinisateurs, essentiels à la santé et à l'équilibre de tout écosystème.

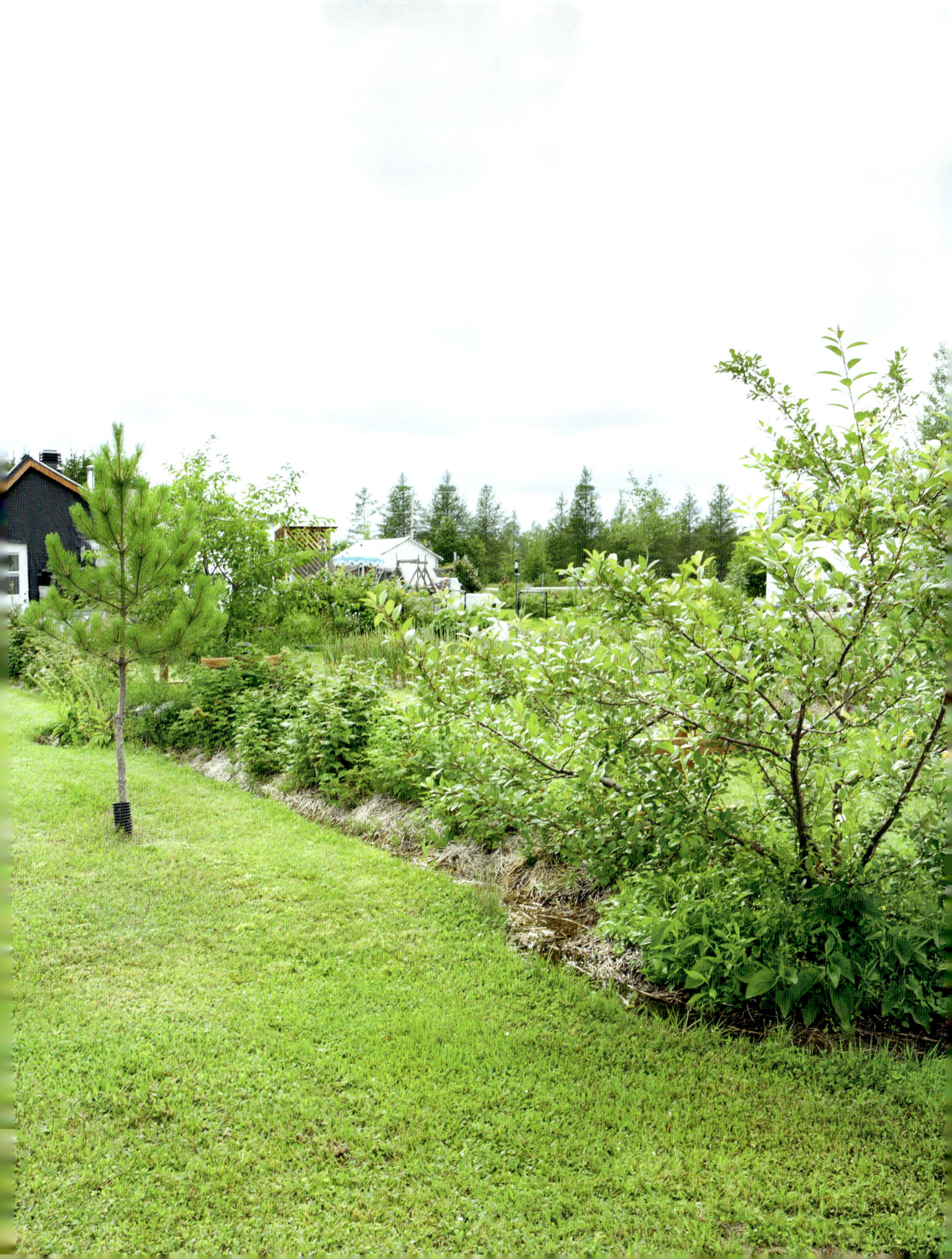

LES FIXATEURS D'AZOTE

Certains arbres et plantes ont la capacité de capter l'azote se trouvant dans l'atmosphère et de le transporter jusqu'au sol grâce à leur système racinaire. Ces fixateurs d'azote rendent assimilable par les plantes cet élément essentiel à la photosynthèse des végétaux.

Voici quelques exemples de fixateurs d'azote des zones de rusticité du sud du Québec (zones 4 et 5):

Arbres: aulne blanc, robinier faux-acacia, févier d'Amérique

Grands arbustes: faux indigo, olivier de Bohême, argousier

Petits arbustes: caraganier orangé, caraganier de Sibérie, aulne rugueux, saule, aulne crispé, myrique baumier

Vignes: patates en chapelet, vesce d'Amérique

Herbes hautes: astragale du Canada, trèfle rouge, mélilot blanc

Herbes basses: trèfle blanc

Un sol aux petits soins

Le terrain de Dustin ne semblait pas, à première vue, propice à aménager un grand potager. En effet, au Lac-Saint-Jean, les hivers sont rudes: il y a des gels tardifs au printemps et des gels hâtifs en septembre. Et chez Dustin, comme la nappe phréatique est particulièrement haute, il y a une grande quantité d'eau et les conditions sont peu favorables pour les fruitiers et les cultures potagères, le sol se réchauffant beaucoup plus difficilement. Malgré tout, il a réussi à créer des aménagements impressionnants qui produisent beaucoup! «Je mets la barre assez haute. Quand j'ai acheté ici, il n'y avait rien, aucun arbre. Maintenant, la cour est pérenne, elle génère quelque chose», affirme Dustin. «L'ail est considéré comme une culture exigeante. Ça fait cinq ans que je fais pousser de l'ail, elle est exceptionnelle, tout le monde en veut et j'ai de belles gousses!», poursuit-il.

Dustin a créé des buttes sur lesquelles il fait pousser une panoplie de légumes: laitue, betteraves, carottes, concombres, bettes à carde et bien plus. «Ça se réchauffe plus vite, ça fait quelque chose de différent aussi, il y a un effet 3D au lieu d'être juste une planche», explique-t-il. Avant de planter, le sol a été traité aux petits oignons. Lors de la rotation des cultures, des toiles d'occultation sont installées, permettant de couper la lumière et de tuer les mauvaises herbes ou engrais verts plantés l'année précédente, et décomposant ainsi la matière organique au sol. Lorsque le sol est prêt, il est amendé en compost domestique, en fumier de mouton, en granules de poule, en cendre de bois et en feuilles mortes (un paillage efficace!). Sur plusieurs parcelles qui s'ajoutent chaque année au potager, le sol est engraissé directement par le fumier des poules ou des dindes qui sont passées au préalable grâce à un enclos mobile.

Essayer, recommencer... faire toujours mieux!

Malgré des conditions de préparation de sol idéales, certains facteurs sont difficilement contrôlables, comme la météo et les insectes. « Mon kale, c'est un échec cette année », se désole Dustin, alors que normalement cette plante pousse très bien. « Quand je vois quelque chose qui fonctionne moins bien, j'adapte et je tente de faire différemment l'année suivante, mais dans toute ma cour, j'ai tout le temps quelque chose qui produit, comme les tomates, l'ail et les framboises. » À l'inverse, ses récoltes de betteraves sont habituellement peu fructueuses, alors que cette année, c'est l'abondance! « J'ai tout fait germer en dedans, repiqué dans des petites caissettes, et quand est venu le temps de planter, j'ai effeuillé, c'est-à-dire que j'ai enlevé 50 % du feuillage et gardé juste les petites feuilles, j'ai repiqué le tout, et j'ai eu 100 % de réussite. J'ai planté ça fin juin, début juillet, et amendé avec du compost domestique, du fumier de poule et de la cendre. » Pour ses brocolis, ses choux-fleurs et ses choux, des crucifères vulnérables aux insectes, il a créé un tunnel avec un filet et une base de toile d'occultation pour bloquer l'accès aux insectes. Un système d'irrigation y a aussi été intégré.

Des mauvaises herbes pas si mauvaises!

Le but des aménagements créés par Dustin est entre autres de limiter la présence de mauvaises herbes sur le terrain, ce qui, ultimement, lui fera gagner du temps. Toutefois, certaines mauvaises herbes ne sont pas si mauvaises que ça! Oui, elles sont envahissantes et poussent parfois aux mauvais endroits, mais en les arrachant de leur emplacement avec leurs racines et en les laissant sur le sol au lieu de les jeter, les mauvaises herbes apportent différents nutriments à la terre. « Des fois, il y a des choses qui ne sont pas comestibles pour nous, mais qui vont être bonnes pour des insectes bénéfiques, des oiseaux et des pollinisateurs. C'est de créer l'écosystème propice pour que tout ça s'installe afin de laisser travailler la nature à notre place et non de travailler contre elle », nuance Dustin. Certaines de ces plantes sont même bonnes au goût, comme le pissenlit, le plantain, l'armoise commune, l'oseille et le pourpier.

Prolonger la saison

L'un des objectifs de Dustin est de pouvoir prolonger la saison des récoltes le plus longtemps possible, voire de récolter toute l'année. Il s'inspire de l'agriculteur américain Eliot Coleman, qui cultive des légumes même en hiver. Pour y arriver, Dustin s'affaire à construire une serre de type *earthship* avec des pneus remplis de terre afin de créer une masse thermique qui emmagasine la chaleur dans le sol, notamment. Cette année, grâce à cette serre, il pourra produire plus longtemps des légumes et des fruits de chaleur comme des poivrons, des tomates, des cerises de terre et certains types de melons. En hiver, il essaiera les cultures froides comme les verdures et les betteraves dans cette serre, laquelle ne sera pas chauffée. Toutefois, les plants seront protégés du froid grâce à des tunnels installés dans la serre qui créeront une seconde protection.

Toujours plus d'autonomie

Améliorer ses techniques, faire des tests de culture et construire une serre sont tous des moyens pour atteindre une plus grande autonomie alimentaire. Pour l'instant, Dustin produit des légumes et des fruits en abondance tout l'été: de l'ail, de la ciboulette, des fraises, des framboises, des tomates, et plus encore. Il produit même son propre alcool grâce à ses cerisiers. Ses poules lui donnent des œufs frais chaque matin et ses dindes lui donnent environ 150 lb de viande par année. D'autres cultures et élevages vont probablement suivre, tant qu'il y aura de l'espace. «Il faut que tu occupes ton espace. Si tu ne l'occupes pas, la nature va l'occuper à ta place!», conclut-il.

LES CONSEILS DE DUSTIN

▶ Commencez petit, mais sous forme d'écosystèmes. Ne plantez pas un arbre tout seul : créez plutôt un petit potager autour avec les fines herbes dont vous avez besoin.

▶ Faites vos choix de plantations selon vos goûts, selon ce que vous avez envie de récolter et selon votre environnement (type de sol, drainage, vent et zone de rusticité).

▶ Informez-vous sur les insectes et les maladies.

▶ Pensez à une production qui permet de rentabiliser toute votre activité. Utilisez-la comme tremplin pour atteindre l'autonomie. Cette production créera une entrée d'argent supplémentaire, laquelle permettra de payer les dépenses liées aux divers intrants, comme le fumier ou le compost, les semences, les plants, la nourriture pour les animaux et le paillis. Cette année, Dustin a 2 000 plants d'ail, et ceux-ci sont déjà vendus grâce au bouche-à-oreille et aux réseaux sociaux. L'an prochain, il prévoit doubler sa production.

▶ Choisissez des espèces d'arbres indigènes qui poussent bien dans votre zone. Achetez de petits plants, qui s'adapteront dès leur jeune âge à votre secteur et à ses conditions.

Des insectes chez soi, **pourquoi pas ?**

L'élevage d'insectes est une pratique encore assez marginale au Québec. Elle prend toutefois de l'expansion : on compte à ce jour une trentaine d'éleveurs et de transformateurs d'insectes dans la province. Pourtant, quand on sait que ces petits animaux sont une excellente source de protéines pour l'humain et qu'ils peuvent servir à nourrir nos poules et à créer du compost très riche pour le potager et les plantes d'intérieur, on se dit qu'il y aurait lieu de s'y intéresser encore plus. C'est ce qu'a fait Benoit Daoust, qui possède depuis 2016 son élevage maison et donne des ateliers pour faire découvrir le grand potentiel de ces petites bestioles !

Dans plusieurs pays d'Asie et d'Afrique, les insectes sont consommés comme nourriture depuis très longtemps. Pourquoi, en Occident, sommes-nous si réticents à les intégrer à nos habitudes alimentaires ? C'est la question que s'est posée Benoit Daoust, fondateur d'un service-conseil en entomoculture urbaine, il y a quelques années. À l'époque, il travaillait dans le milieu de la restauration, mais il trouvait que celui-ci ne correspondait pas à ses valeurs écologiques. En discutant avec une voisine qui étudiait en anthropologie, précisément dans le domaine de l'acceptabilité sociale de la consommation d'insectes, l'idée de créer un service traiteur spécialisé en insectes a émergé. Après maintes recherches, il a démarré son premier élevage dans l'une des trois pièces et demie de son appartement (sans le dire au proprio, bien sûr !). De fil en aiguille, il s'est taillé une place dans le domaine en offrant des ateliers, entre autres dans certaines municipalités et écoles de la ville de Montréal.

Élever des insectes, oui, mais lesquels ? Plus de 1 900 espèces sont mentionnées comme étant des aliments propres à la consommation humaine. Cela étant dit, au Québec, les trois élevages les plus pratiqués sont ceux des ténébrions meuniers, des grillons et des mouches soldat noires. Comme l'élevage de ténébrions meuniers (communément appelés « vers de farine ») est le plus simple, nous nous attarderons davantage sur celui-ci. Benoit nous donne ses précieux conseils d'élevage !

Saviez-vous que les insectes émettent moins de gaz à effet de serre et moins d'ammoniac que le bétail ou les porcs ? De plus, leur élevage nécessite beaucoup moins d'eau et d'espace que l'élevage du bétail : il est donc beaucoup plus écologique !

De l'élevage à l'assiette

Les insectes sont très riches en protéines, en vitamines et en minéraux. On peut intégrer de la poudre de grillons ou de ténébrions meuniers dans nos préparations pour muffins, pour pains aux bananes ou aux courges, dans nos laits frappés et nos smoothies ainsi que dans nos barres énergétiques, par exemple. Les ténébrions meuniers, grâce à leur carapace, apportent à nos recettes une touche croquante qui s'apparente à la texture des noix. « La valeur nutritive et le goût des insectes vont varier dépendamment de leur nourriture », précise Benoit. En général, les insectes ont un petit goût de graine de tournesol, de graine de citrouille ou de noisette grillée.

À noter !
Le régime entomophagique (consommation d'insectes par l'humain) n'est pas recommandé aux personnes souffrant d'une allergie aux crustacés, car les insectes appartiennent à la famille des arthropodes.

QU'EN DIT LA LOI ?

Pour l'instant, aucune réglementation n'a été émise quant à l'élevage, à la production ou à la transformation d'insectes comestibles. Ce que ça veut dire : nul besoin de se procurer un permis pour se lancer dans l'aventure !

Élever ses ténébrions meuniers

L'élevage de ténébrions meuniers est assez simple, selon Benoit. «C'est celui qui prend le moins d'espace, qui est le plus dense et qui dégage le moins d'odeurs. Le ténébrion ne vole pas, ne mord pas, ne saute pas, ne fait pas de bruit et vit bien dans l'ombre», soutient-il. Bref, ce petit ver a tout pour lui! Certaines entreprises vendent des ensembles de démarrage au coût d'environ 50 $; cela comprend un bac d'élevage, de la moulée de base et des ténébrions.

Alimentation

Dans un bac de grade alimentaire, les ténébrions vivent dans la nourriture qu'on leur donne, soit du son de blé auquel on peut ajouter une poignée de levure alimentaire de temps à autre. On y ajoute au moins une fois par semaine des morceaux de carottes que les vers grignoteront pour se réhumidifier. Idéalement, la température ambiante ne devrait pas dépasser les 24 °C (75 °F).

Ponte

Environ deux mois après l'éclosion des ténébrions, ceux-ci se transforment en nymphes. Dès qu'elles apparaissent, il faut les transférer dans un autre bac. Elles deviennent ensuite des adultes (des coléoptères noirs) et commencent à pondre. Les ténébrions peuvent pondre jusqu'à 200 œufs dans leur vie d'adulte : la production a le potentiel de devenir exponentielle! Benoit recommande d'échanger une partie de sa colonie avec un autre éleveur environ une à deux fois par année afin de varier la génétique.

Bien entretenir le bac

Un entretien régulier du bac est nécessaire, et la fréquence de celui-ci dépend de l'odeur qui en émane. Un élevage propre devrait sentir le son de blé, soit la nourriture que les ténébrions mangent. S'il dégage de mauvaises odeurs, on tamise les insectes à l'aide d'un tamis à farine afin que les déjections passent à travers les trous. Il ne devrait rester que les ténébrions et leur nourriture dans le bac ainsi que quelques morceaux de cartons d'œufs pour absorber l'humidité. Il faut également retirer les morceaux de végétaux dès qu'ils sont secs pour éviter qu'ils ne pourrissent.

Quand récolter le ténébrion ?

Il est conseillé de commencer à récolter des vers avant la 7e semaine, soit vers le dernier stade de la larve, pour contrôler la reproduction. Lors de la récolte, on laisse 10 % de la colonie devenir adulte afin que les ténébrions se reproduisent. Avant de les récolter, on les fait jeûner pendant deux jours afin que leurs tripes se vident. Ensuite, on met le bac au réfrigérateur durant quelques heures. Ainsi, les ténébrions s'endormiront naturellement à cause de leur métabolisme d'hibernation. Enfin, on les transfère au congélateur, où ils mourront sans s'en rendre compte. C'est la façon la plus éthique de les tuer, selon l'expert. Il faut évidemment prévoir de l'espace dans son réfrigérateur et son congélateur pour accueillir un bac à vaisselle rempli d'insectes!

Lorsqu'on sort les larves du congélo, on les rince d'abord à l'eau afin d'éliminer les déjections qu'elles ont pu faire durant leur jeûne. Puis, on les fait blanchir dans l'eau bouillante de 2 à 5 minutes. Ensuite, on les dépose sur une plaque de cuisson et on les enfourne à 93 °C (200 °F) pendant 2 heures. Si l'insecte se désintègre en poudre lorsqu'on l'écrase à l'aide d'une fourchette, il est déshydraté. Sinon, on poursuit la cuisson quelques minutes. D'autres options de préparation sont aussi possibles selon vos préférences, comme une cuisson à plus haute température. Celle-ci conférera aux ténébrions un goût rôti plus prononcé que la cuisson lente.

N'oubliez pas que les déjections sont utiles pour nourrir vos plantes! Pensez à les récupérer en tamisant vos insectes au-dessus d'un autre bac.

LES TÉNÉBRIONS ET LES GRILLONS ACHETÉS DANS UNE ANIMALERIE

Si vous décidez d'acheter vos ténébrions ou vos grillons dans une animalerie, il est recommandé d'attendre la 3e génération avant de les consommer, étant donné que vous ignorez ce dont a pu se nourrir la 1re génération. Pour ce faire, laissez les insectes achetés pondre après la 7e semaine et vivre jusqu'à ce qu'ils meurent naturellement. Vous pourrez donner les ténébrions morts aux oiseaux ou les mettre dans le compost. Transférez les larves de la 2e génération dans un autre bac, et suivez le même processus. Les larves de la 3e génération constitueront votre colonie de base que vous pourrez garder plusieurs années. Ce processus de départ dure environ six mois. Ça peut paraître long, mais ce temps n'est pas perdu : votre production aura augmenté et vous aurez acquis de l'expérience !

Le secret pour une production abondante et constante est d'avoir plusieurs bacs et de créer une rotation.

203

Le grillon, champion des protéines

Le grillon est reconnu pour sa grande valeur nutritive et son faible taux de gras comparativement aux autres insectes. Son élevage est cependant un peu plus complexe que celui du ténébrion meunier. Comme il peut sauter jusqu'à 10 cm de hauteur, il faut prévoir un bac plus haut ou un vivarium avec un couvercle muni d'un grillage métallique. Benoit utilise un bac de 65 litres dans lequel il dépose un contenant d'œufs en carton à la verticale. Puisque la distance entre le haut du carton et le couvercle est d'environ 10 cm, les grillons ne devraient pas s'en échapper. Calculez un grillon par 2,5 cm^2, placez leur habitat dans une pièce lumineuse et maintenez la température à 30 °C (86 °F) à l'aide d'une plaque chauffante.

Alimentation et eau

Le carton d'œufs sert d'abri pour les grillons, donc il n'est pas nécessaire d'ajouter du substrat. On leur donne du son de blé et de l'avoine ainsi que des morceaux de carottes ou d'autres végétaux, comme de la roquette, de la capucine ou du basilic. Le grillon a besoin d'eau, que l'on doit changer aux deux ou trois jours ; il faut donc prévoir un abreuvoir à poussins et s'assurer qu'il y a toujours de l'eau, mais pas trop pour éviter que les petits grillons se noient. Il faut également déposer du gravier au fond de l'abreuvoir afin d'empêcher les noyades.

Ponte

À la 7e semaine, le bébé grillon devient adulte : les mâles développent une paire d'ailes (d'où provient leur bruit distinctif), et les femelles un dard – on l'appelle « ovipositeur » – qui leur permettra de pondre. Les femelles ont besoin de pondre dans un milieu humide : on doit mettre à leur disposition un petit contenant de terre avec une passerelle en carton pour faciliter l'accès. Tous les deux jours, on transfère les œufs dans un autre bac, qui deviendra un bac d'incubation. Les œufs éclosent 14 jours après la ponte.

Entretien du bac

Pour nettoyer le bac des grillons, on suit les mêmes étapes que pour l'entretien de l'environnement du ténébrion, à quelques détails près. Il suffit donc de transférer les grillons dans un bac propre et de retirer les cartons d'œufs souillés. On lave ensuite le bac avec de l'eau et un produit nettoyant doux, puis on y replace de nouveaux cartons d'œufs et on y verse de l'eau. On remet enfin les grillons dans leur habitat. La fréquence d'entretien varie : fiez-vous à votre nez ! Comme le grillon boit de l'eau, ses fientes dégagent une odeur d'ammoniac différente de l'odeur dégagée par le ténébrion.

Récolte

Pour récolter les grillons, il faut les faire jeûner deux jours et secouer le carton d'œufs dans lequel ils se tiennent au-dessus d'un bac propre. On suit le même processus de « mise à mort » que celui utilisé pour les ténébrions meuniers.

« Ne le faites pas pour plaire à quelqu'un ni parce que ça va changer la planète. Faites-le par curiosité, pour diversifier vos options, vous ouvrir l'esprit à être prêt à vous adapter aux changements climatiques. »

– Benoit Daoust

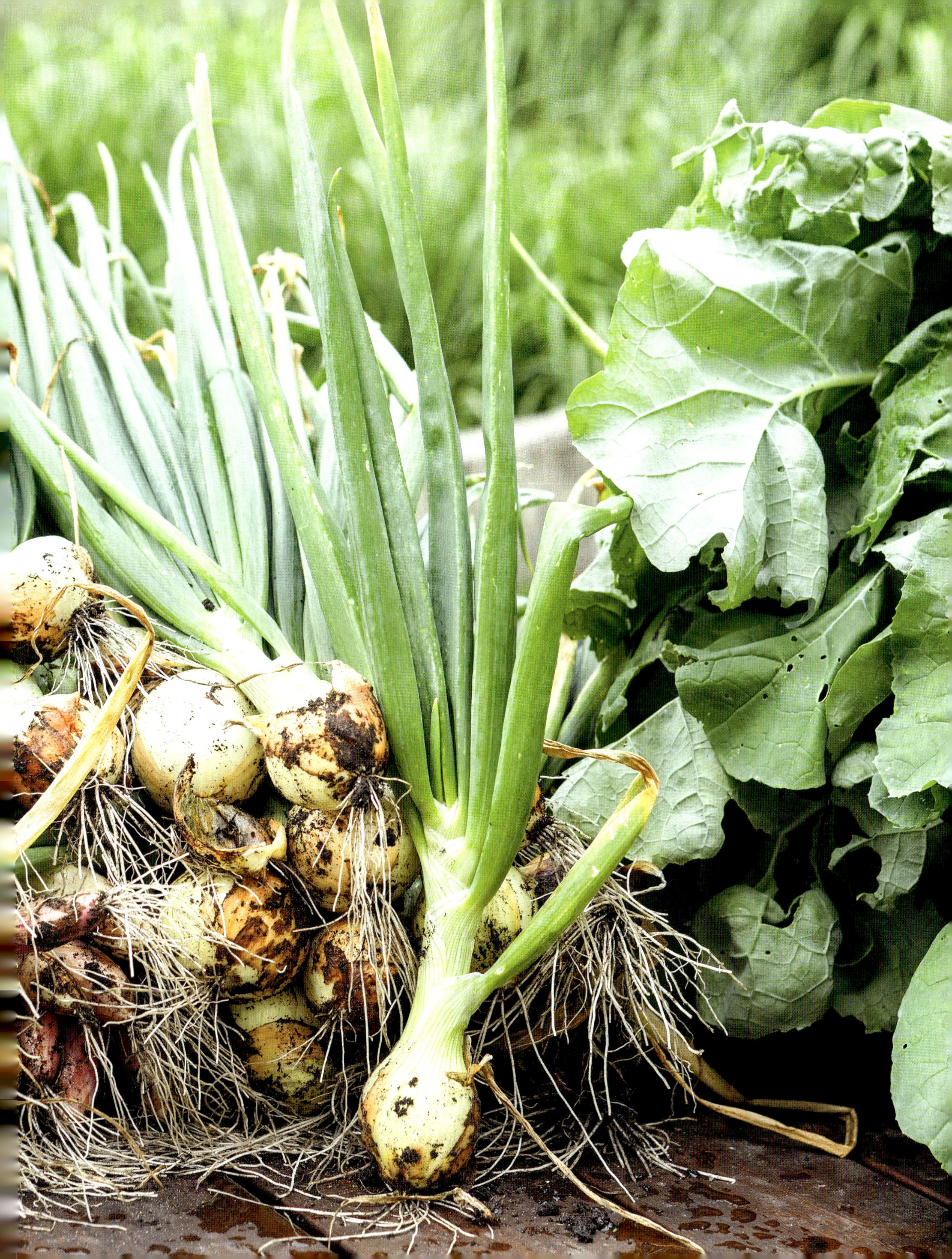

Des ressources
supplémentaires

Pour en apprendre encore plus sur les sujets traités dans ce livre ou pour trouver des réponses aux questions que vous pourriez avoir en cours de route, voici des suggestions de ressources à consulter.

EN GÉNÉRAL...

- Ministère de l'Agriculture, des Pêcheries et de l'Alimentation du Québec (MAPAQ), mapaq.gouv.qc.ca
- Espace pour la vie, espacepourlavie.ca

POUR LE POTAGER...

- Je jardine, je-jardine.com
- Les Urbainculteurs, urbainculteurs.org
- Ça pousse ! Agriculture urbaine, capousse.com
- Centre de référence en agriculture et agroalimentaire du Québec (CRAAQ), craaq.qc.ca
- IRIIS phytoprotection, iriisphytoprotection.qc.ca
- *Potager le plus simple au monde : Tous les meilleurs trucs enfin rassemblés,* Pratico Édition, 2019
- Bertrand Dumont, *Le jardin fruitier : facile et naturel,* Éditions MultiMondes, 2018
- Marianne Baril et Nicolas Auger, *Arbres et arbustes fruitiers pour le Québec,* Éditions Broquet, 2019

Pour en apprendre davantage sur les maladies et les insectes qui pourraient s'attaquer à vos plants !

POUR L'ÉLEVAGE D'ANIMAUX...

- Néo-Terra, neo-terra.ca
- La ferme Pélipa, pelipaateliers.com
- Poules en Ville, poulesenville.com
- Le petit abattoir, lepetitabattoir.com
- Équipe québécoise de contrôle des maladies avicoles, eqcma.ca

POUR LA CONSERVATION...

- Fédération des sociétés d'horticulture et d'écologie du Québec, fsheq.com

POUR LA CULTURE D'INSECTES COMESTIBLES...

- Insecto – Service conseil en Entomoculture Urbaine, insectoadeum.wixsite.com/insecto
- Organisation des Nations Unies pour l'alimentation et l'agriculture (FAO), fao.org

POUR LES FORÊTS NOURRICIÈRES...

- ArboreAgro, facebook.com/Arboreagro
- Écomestible, ecomestible.com

POUR PROFITER DE LA COMMUNAUTÉ...

- Forum Le Peuplier, lepeuplier.ca
- Certains groupes Facebook, dont :
  - Permaculture Québec
  - Autosuffisance alimentaire Québec – Cueillette et transformation
  - Éleveur Caille Du Québec

PRATICO EDITION